Lugares para a história

Coleção
HISTÓRIA & HISTORIOGRAFIA

Coordenação
Eliana de Freitas Dutra

Arlette Farge

Lugares para a história

TRADUÇÃO
Fernando Scheibe

2ª reimpressão

autêntica

© Éditions du Seuil, 1997. Collection La Librairie du XXIe siècle, sous la direction de Maurice Olender.

Título do Original: *Des lieux pour l'histoire*

Todos os direitos reservados pela Autêntica Editora Ltda. Nenhuma parte desta publicação poderá ser reproduzida, seja por meios mecânicos, eletrônicos, seja via cópia xerográfica, sem a autorização prévia da Editora.

COORDENADORA DA COLEÇÃO HISTÓRIA E HISTORIOGRAFIA
Eliana de Freitas Dutra

EDITORAS RESPONSÁVEIS
Rejane Dias
Cecília Martins

REVISÃO DA TRADUÇÃO
Vera Chacham

REVISÃO DE TEXTO
Ana Carolina Lins Brandão
Lira Córdova

CAPA
Alberto Bittencourt

DIAGRAMAÇÃO
Conrado Esteves

**Dados Internacionais de Catalogação na Publicação (CIP)
(Câmara Brasileira do Livro, SP, Brasil)**

Farge, Arlette
    Lugares para a história / Arlette Farge ; tradução Fernando Scheibe . – 1. ed. ; 2. reimp. -- Belo Horizonte : Autêntica, 2021 (Coleção História e Historiografia, 3 / coordenação Eliana de Freitas Dutra) .

    Título original: Des lieux pour l'histoire
    Bibliografia
    ISBN 978-85-7526-542-0

    1. História – Filosofia 2. História – Pesquisa 3. Historiografia I. Dutra, Eliana de Freitas. II. Título. III. Série.

11-06364   CDD-901

Índice para catálogo sistemático:
1. História : Filosofia 901

Belo Horizonte
Rua Carlos Turner, 420
Silveira . 31140-520
Belo Horizonte . MG
Tel.: (55 31) 3465 4500

São Paulo
Av. Paulista, 2.073, Conjunto Nacional,
Horsa I . Sala 309 . Cerqueira César
01311-940 São Paulo . SP
Tel.: (55 11) 3034 4468

www.grupoautentica.com.br
SAC: atendimentoleitor@grupoautentica.com.br

SUMÁRIO

Introdução...	7
Do sofrimento..	13
Estas moradas vivas da história........................	16
A dor política...	19
Da violência...	25
Sobre a legitimidade de buscar outros tipos de interpretação histórica além daqueles já utilizados.....	27
De algumas interpretações em história da violência.........	28
A leitura dos *Ditos e escritos*...............................	33
Da guerra..	41
Um objeto filosófico...	44
Um objeto de história...	46
A guerra no século XVIII.....................................	48
Ler a desordem..	51
As Luzes e a tolerância.................................	54
Da fala..	59
A história cimentada pela fala?..........................	59
A história dita rápido demais..............................	61
Do acontecimento...	71
Desfazer evidências..	73
A palavra, o testemunho, a memória...................	76
Com Michel Foucault, zombar das origens?...........	81

Da opinião.. 85
   As palavras, os gestos, a atividade simbólica................ 86
   As disposições emotivas dos súditos do rei..................... 90
   A percepção estética dos fatos
   e dos acontecimentos políticos.. 94
   A voz de Marion: opiniões singulares e plurais.............. 98
      Michelet e a medida do instante....................................... 98
      Marcel Schwob.. 99
      Marion... 100

Da diferença dos sexos.. 103

Dos historiadores Bouvard e Pécuchet............................ 117
   Bouvard e Pécuchet querem saber
   "o antigo" como quem guarda um tesouro..................... 118
   Bouvard e Pécuchet querem um relato sobre o passado... 122
   Bouvard e Pécuchet escrevem eles próprios a história...... 126

Referências.. 131

Introdução

Na multiplicidade atual das vias que se oferecem ao historiador, há aquelas que não têm necessariamente nome. Habitam a disciplina em suas fronteiras e em suas margens. Algumas foram mais particularmente influenciadas por questionamentos oriundos de encontros fortes e de um percurso votado ao estudo de documentos específicos, os arquivos de polícia do século das Luzes, por exemplo.[1]

Robert Mandrou e Michel Foucault tiveram certa maneira de se preocupar com a história; a um como ao outro – sem confundir de modo algum nem seu discurso, nem suas práticas, considerando incessantemente suas posições irredutíveis – sou de certa forma devedora, mais pescadora furtiva que discípula. Deles, retive tanto saber quanto admirei atitudes intelectuais ou éticas; e, num traçado que, sem dúvida, não teriam feito deles, inventariei certos espaços do século XVIII, preocupada com a relação a estabelecer com o presente.

Certamente não é novidade para um historiador preocupar-se com os laços de seu discurso com a sociedade em que o inscreve: "quando falam *da* história, estão sempre *na* história", escrevia Michel de Certeau (1975, p. 28). Bem antes dele, Marc Bloch (1993, p. 97) tinha sublinhado reiteradas vezes a necessidade de ser curioso quanto

---

[1] Sobre essas múltiplas vias que contribuem talvez para instituir no coração da disciplina a consciência de uma "crise" e de uma diluição das práticas e dos objetos históricos, ver a recente análise de NOIRIEL (1996); ver também o número especial da revista *Espaces temps* "Le temps réflechi. L'histoire au risque des historiens" (1995).

aos problemas que agitam o mundo, de colocar questões pertinentes para a comunidade científica, de "unir o estudo dos mortos ao tempo dos vivos". Poderíamos citar ainda muitos exemplos sobre este ponto, bastante discutido, da ciência histórica.

A sagacidade crítica das análises de Robert Mandrou e a inteligência sarcástica, iconoclasta e criadora de Michel Foucault fizeram o resto; persegui, como historiadora, o estudo de lugares que frequentemente recolocam em causa, para tentar produzir formas de inteligência do outrora que sirvam para interrogar o hoje, e mesmo para inflectir o olhar lançado sobre este. Ler Michel Foucault ajuda a efetuar este trabalho; ele vai a contrapelo das ideias feitas e dilacera as certezas: ser historiador não é algo óbvio, e, se esse filósofo foi historiador, foi ao preço de questionamentos fundamentais das posturas, dos métodos e das convicções de ambas as disciplinas. Lê-lo e concordar com ele para não se assemelhar àqueles "que procuram a todo custo apagar aquilo que pode trair, em seu saber, o lugar de onde olham, o momento em que estão, o partido que tomam, o incontornável de sua paixão" (FOUCAULT, 1994i, p. 150) é escolher ser de um lugar, de um momento, de uma paixão, a fim, como ele diz ainda, de "não apagar de seu próprio saber todos os traços do querer" (p. 156).[2]

Pode-se caricaturar à vontade essa posição; o debate sobre a objetividade do historiador também tem uma longa história, evocada em numerosos trabalhos,[3] e sua persistência mostra claramente que a tensão que se instaura entre a necessidade de verdade, de resultados seguros e a elaboração de pontos de vista que interessem à comunidade social faz parte da essência mesma da história. Que haja debate ou controvérsias não impede que o trabalho historiador esteja situado – entre outros – neste lugar onde o saber-fazer e o querer-fazer lhe são necessários. "Pretender-se-ia que o estudo da história é bom para a vida?", conclui Philippe Boutry (1996), num

---

[2] Os *Ditos e escritos* de Foucault estão sendo publicados em português pela Forense Universitária. O texto "Nietzsche, a genealogia, a história" já fora traduzido por Roberto Machado em *A microfísica do poder* (1979). (N.T.).

[3] Sob a direção de Jean Boutier e Dominique Julia, *Passes recomposés. Champs et chantiers de l'histoire*, "À quoi pensent les historiens" (1996, p. 13).

artigo que procura situar as diversas tendências da disciplina; tem-se, é claro, vontade de responder afirmativamente a essa questão, considerando simultaneamente o quanto essa asserção é exigente e obriga a procedimentos arriscados e ascéticos. Pode-se, ao menos, exprimir o desejo de uma história inervada pelo tempo, logo irritada por ele. Na atualidade, ora trágica, ora melancólica (AUDISIO; CADORET; DOUVILLE; GOTMAN, 1996, p. 127-142), há lugares para a história que permitem confrontar o passado e o presente interrogando de outra forma os documentos e os acontecimentos, buscando articular o que desaparece com o que aparece. A esse propósito, Michel de Certeau (1975, p. 119) escrevia ainda: "A escritura da história visa a criar no presente um lugar a preencher, um 'dever-fazer' [...]. Assim, pode-se dizer que faz mortos para que haja, alhures, vivos".

A imagem é forte; entretanto, a fim de que a história guarde seu conteúdo e sua potência é preciso velar para não correr o risco do anacronismo, para compreender os mundos passados sem recobri-los com julgamentos demasiado modernos, para trabalhar precavidamente as questões colocadas aos mortos, sabendo que não são necessariamente aquelas que se colocam aos vivos. Assim sendo, o historiador tem o direito de se perguntar: em face do que é e está, em face do que vem, que diz a história? Mantendo, no entanto, a íntima convicção de que é paradoxal interrogar o relato histórico sobre o porvir. Mas o discurso historiador pode também ser uma prática de antecipação.

Lugares para a história: aqueles que são declinados aqui designam, de um lado, situações históricas precisas tomadas ao século XVIII (sofrimento, violência, guerra) que encontram eco de outra maneira na atualidade de hoje; de outro, uma forma de levar em conta modos singulares de existir ou de ser e estar no mundo (a fala, o acontecimento, as vozes singulares, a multiplicidade das relações entre homens e mulheres). Isso faz refletir sobre tudo o que resiste às investigações históricas tradicionais de pertencimento coletivo, assim como àquelas, singulares, do indivíduo. Esses dois conjuntos se religam pela presença hoje de configurações sociais violentas e sofridas, e de dificuldades sociais que desequilibram o conjunto das relações entre o um e o coletivo, entre o homem e a mulher, o ser singular e sua – ou suas – comunidade social, entre o separado e sua história.

"A história tenta fazer aparecer todas as descontinuidades que nos atravessam" (FOUCAULT, 1994i, p. 154): se há um método para abordar os temas da violência e da guerra, é sobre essa frase de Michel Foucault (como sobre outras, equivalentes, que atravessam toda sua obra) que podemos nos apoiar para encontrá-lo. A abordagem do descontínuo, do que não se conecta automaticamente a um sistema liso de continuidades e de causalidades evidentes, tem a vantagem de isolar cada acontecimento e de devolvê-lo a sua história pura, áspera, imprevisível. Privilegiando o que se furta à síntese, apreende-se o texto, o arquivo ou o fato que aí se aloja, como se se tratasse de uma incerteza, de um estado jamais certo, de um acontecimento que é e não será jamais o mesmo (FOUCAULT, 1994k).[4] A busca da descontinuidade obriga a um deslocamento intelectual; em certos momentos desinscreve o acontecimento que sobreveio de sua pretendida necessidade, aquela habitualmente privilegiada pelas explicações do historiador. Aqui e ali, hoje, em numerosas leituras, pode-se ler, embora furtivamente, que a história tem uma tendência a tudo reconciliar e a tornar liso o que de fato não o é, o que dá ao leitor uma impressão falaciosa de inelutabilidade da história ou de embaralhamento de seus atores sociais. Sublinhando esse traço, Emmanuel Terray (1996, p. 207) escreve: "Quanto mais o trabalho é conduzido de maneira aprofundada e convincente, mais as conexões estabelecidas são indiscutíveis [...] e mais o leitor tem o sentimento de que as coisas, com efeito, não podiam se passar de forma diferente daquela como se passaram [...]. Há também uma espécie de efeito perverso da atividade dos historiadores [...] o fato se encontra assim investido de uma necessidade ainda mais insidiosa por permanecer implícita". Os acontecimentos e os fatos (tais como a violência ou as guerras, por exemplo) cortam frequentemente a superfície do real não por sua evidência, mas por sua

---

[4] FOUCAULT (1994k, p. 792): "A síntese reconstituiria a história do Ocidente, descreveríamos sua curva, fixaríamos seu destino; não são coisas que me interessam. Mas o que, finalmente, no oco de nossa história, na noite das lembranças esquecidas, pode ser agora retomado, recuperado, trazido à luz e utilizado, isso me interessa".

afiação; acham-se na perpendicular do horizonte de expectativa, encontrando-o em ângulo reto. Ainda assim é preciso percebê-los e em seguida transmiti-los em sua singular rugosidade.

Falas, fatos ínfimos, opiniões de um só, formam o outro polo de atenção desta obra. Da *História da loucura* e de seu primeiro prefácio[5] aprendêramos (e isso fazia eco aos trabalhos e ao pensamento de Robert Mandrou) que as proposições de loucura, aquelas dos marginais e dos excluídos, as falas fragmentárias esboçadas nos interrogatórios de polícia não deviam ser para o historiador "tempo decaído, pobre presunção de uma passagem que o porvir recusa, alguma coisa no devir que é irreparavelmente menos do que a história" (FOUCAULT, 1994a, v. I, p. 162). Que não haja "tempo decaído" para o historiador foi uma frase decisiva: o vão, o vazio, o nada, o apenas dito se tornaram para mim lugares em que se pudesse estudar o homem e a mulher em seus esboços, suas raivas e seus fracassos. O que excede, quebra ou desloca a normalidade formava espaços sobre os quais inclinar o olhar, de onde contar a história na "raiz calcinada do sentido". Trabalhando mais de perto sobre os arquivos de polícia, tornava-se cada vez mais explícito que o conhecimento não toma ciência e razão senão com aquilo que o subverte e com as palavras de nada que organizam obscuras regiões a pensar; a história também é feita dessa opacidade, aquela que se integra tão mal ao relato ordinário do curso das coisas. As falas singulares, as vozes únicas são frequentemente poeiras de palavras que nada – aparentemente – amarra ao tempo, a não ser, talvez, a narração do historiador quando faz delas sua matriz, longe do fatalismo ou do dolorismo. Yves Bonnefoi (1996), no jornal *Le Monde*, escrevia há pouco que "a realidade, filha do desejo, não é uma soma de objetos a descrever com mais ou menos fineza, mas uma comunidade de presenças"; que ele seja poeta não impede o historiador de subscrever a essa definição da realidade que reconhece que as "presenças" são a um só tempo plurais e em comunidade: é o sentido mesmo dos textos escritos a seguir tentar a articulação entre esses dois devires.

---

[5] Esse prefácio desapareceu das três reedições francesas da *História da loucura*, encontramo-lo agora nos *Dits et écrits* (1994a, v. I, p. 159-167).

Essa atenção à desordem, ao sofrimento como ao singular, não recusa as interpretações usuais da história e encontra sua finalidade em efeitos de verdade que pode discernir, isso para além da acumulação do saber, da fineza das grades de análise, dos arranjos de configurações teóricas. A busca do sentido, da inteligibilidade (aquela que dá hoje a nossa atualidade acentos tão dolorosos) se coloca na pesquisa histórica como um gesto a mais, não separado dos outros, que procura religar os mortos aos vivos, o sujeito a seus semelhantes, indicando os lugares de sua irredutível separação, lá onde interrompem a história para construir outra, certamente pouco discernível, mas dizível.

Do sofrimento

Isso começa de maneira simples: como o historiador, que, por seu ofício, está encarregado de dar a uma sociedade sua memória, seus laços com seu passado a fim de que possa viver melhor com seu presente, como o historiador pode dar conta do sofrimento? Como o trata? O que faz com as palavras encontradas que exprimem a dor, que sentido ou que recusa de sentido lhes dar e, sobretudo, como pode ou deve escrever essas suspensões trágicas da felicidade?

Depois, isso se torna, talvez, um pouco mais complicado: a história tem verdadeiramente o costume de fazer desse sentimento um objeto de pesquisa e de reflexão, quando dor e sofrimento parecem tão rapidamente confinados como sendo inelutáveis consequências de acontecimentos traumáticos? As guerras, as revoluções, as epidemias acarretam sofrimento: o historiador sente-se mais à vontade falando das primeiras que deste último. Além do mais, que ligação exata tecer com ele, que não seja nem de indiferença, nem de miserabilismo, nem de denegação, nem de voyeurismo? No entanto, responsável pelo enunciado dos acontecimentos que nos precederam, o historiador o é também pelo enunciado dos sofrimentos que encontra em seus documentos, ainda mais que a memória do sofrimento é por vezes fator de acontecimentos ulteriores.

Partamos de um paradoxo tão visível que se torna espantoso: na disciplina histórica, não há dúvida de que as situações, os acontecimentos, os lugares e os objetos que provocam sofrimento estão sobrerrepresentados. São mesmo um dos lugares de predileção da história, quer se trate da história da vida privada, quer se trate da vida pública. Com efeito, os temas mais estudados são aqueles que abordam as rupturas e as descontinuidades no mais das vezes sofridas: a morte, a doença, o luto, a violência, os divórcios, o parto, as migrações e as separações ocupam um bom lugar na história da vida privada. No que concerne à vida pública e ao conjunto dos acontecimentos coletivos, pode-se dizer a mesma coisa: os motins, as comoções populares, as penúrias, a criminalidade, as revoluções, as guerras, as partidas de soldados, os acidentes de trabalho, as revoltas, as greves são muito estudados. São todos ocasiões de sofrimentos sociais, físicos e políticos. Evidentemente, há uma razão simples para esse estado de fato: a ruptura e o acontecimento traumático são ao mesmo tempo delimitáveis e visíveis; além disso, são frequentemente fonte de arquivos e de documentos abundantes. A paz, a cotidianidade, a tranquilidade, a doçura ou o amor são escritos nos livros de literatura e não parecem despontar na história através de acontecimentos. Ademais, o historiador marca muitas vezes sua temporalidade e sua cronologia com essas descontinuidades sofridas, encadeando o tempo através daquilo que o rompeu, quebrou, interrompeu com acontecimentos dolorosos ou sangrentos.

Assim, a maior parte do tempo escandida por acontecimentos que engendram sofrimento, a história, paradoxalmente, guarda seu ritmo sem o dizer, sem o enunciar, sem trabalhar sobre as palavras que o exprimem e aquelas que o rodeiam. Ela pode trabalhar sobre a Revolução e seus excessos, sobre Termidor e a guilhotina, evocando as catástrofes humanas e políticas que esses acontecimentos implicam, sem por isso se voltar (ou então raramente) para os ditos de sofrimento que implicitamente pensa como modos de expressão invariantes.

O sofrimento é considerado desde então como a evidente consequência deste ou daquele fato, ou de tal decisão política; é um bloco em si, uma entidade não estudada enquanto tal. Os gestos que o provocam, as racionalidades que a ele conduzem, as palavras que o dizem de tal ou tal maneira e aquelas que o acompanham – para suportá-lo ou negá-lo, heroizá-lo ou lamentá-lo – não figuram como um objeto pleno sobre o qual refletir e como algo que entra em interação com os acontecimentos. Há sistemas relacionais e culturais que fazem das palavras de sofrimento um mundo a compreender, e não um dado inevitável.

Há, é claro, exceções a essa constatação um pouco peremptória, e é bastante evidente que nestes últimos anos, sob o efeito da memória e do pavor políticos, a história do tempo presente foi transtornada e reinterrogada por numerosos testemunhos do sofrimento dos sobreviventes da guerra ou dos campos de concentração, por exemplo. Mas em tempos mais recuados, ou um pouco mais longínquos, a memória dos fatos – e aquela dos vivos – estando ausente, o sofrimento dito parece pouco fazer parte do relato histórico, salvo exceções, ou quando suas implicações políticas são flagrantes.

É preciso recordar, evidentemente, que nos anos 1975-1985, graças ao impulso da nova história e do que se chamava então história das mentalidades, vários historiadores se debruçaram sobre temas do sofrimento. Pensamos particularmente nos célebres trabalhos de Philippe Ariès (1975), Michel Vovelle (1974) e Robert Favre (1978)[6] sobre a morte e nos debates que desde então se instauraram em torno da realidade. A inflexão bastante particular dada a esses trabalhos orientava-os geralmente em duas direções: uma primeira ideia de acordo com a qual a morte era mais "vivível" outrora do que hoje, porque então era acompanhada, ritualizada, simbolizada, enquanto que o século XX, dizia-se, faz viver a morte num sofrimento que não pode se esgotar em nenhum rito e que se efetua no vazio hospitalar. Outra questão girava em torno dos limiares de tolerância da dor, mais ou menos elevados segundo as épocas, da maior ou menor familiaridade com a morte que podia eventualmente fazer sentir menos tristeza que hoje, da sensibilidade do corpo às diferentes formas de esforços físicos que lhe eram exigidos. Nesse amplo contexto, debateu-se mesmo um bocado sobre o sentimento da infância, para, daí, tirar por vezes curiosas conclusões a partir de uma espécie de equação estranha: quanto mais tivéssemos vivido

---

[6] As questões abordadas neste capítulo foram objeto de uma apresentação na jornada da Association des Jeunes Historiens pour une Revue Européenne d'Histoire, que teve lugar na École Normale Supérieure sobre o tema "Dire la souffrance", em 10 de junho de 1995.

em tempos recuados, menos teríamos sido sensíveis, mais a barbárie, a crueldade e o sofrimento teriam sido considerados "normais".

Finalmente, no conjunto desses debates em torno da morte e dos sentimentos familiais, parece que jamais chegou a ser formulada a questão seguinte: a morte é menos apavorante, menos escandalosa, menos triste por ser visível, presente, ritualizada? Que haja "familiaridade" com a morte não impede nem a dor nem o pavor, e cada época, cada cultura, cada classe social ou grupo sexual tem palavras para clamar o escândalo, para dizer seu medo, para abafar sua mágoa. As práticas, os ritos, as crenças em torno da morte não impedem de maneira alguma o sentimento do arrancamento. Este tem formas, palavras, modos de expressão que têm implicações sociais e políticas e que pertencem plenamente à história.

Estas moradas vivas da história

Encontrar os ditos de sofrimento: nos arquivos do século XVIII, onde queixas, processos verbais, interrogatórios e testemunhos são pletora, palavras contam vidas que se quebraram ou que, de uma maneira ou de outra, simplesmente conheceram a pena e o sofrimento. Fragmentos de miséria, relíquias da linguagem do infortúnio se oferecem assim àquele que trabalha a partir desses documentos. Encontramo-los em estado bruto, escritos numa sintaxe aproximativa, sussurrados ou gritados em face do aparelho de polícia. Ditos por pessoas ordinárias pegas a um só tempo pelo poder e por seu déficit de saber, enunciam a mágoa, a pena, a raiva ou as lágrimas: são palavras de sofrimento. Encontrá-los, retranscrevê-los, é uma primeira coisa, extremamente importante: é tão raro em história escutar as falas.

Apreender essa fala e trabalhá-la é responder à preocupação de reintroduzir existências e singularidades no discurso histórico e desenhar, a golpes de palavras, cenas que são de fato acontecimentos. Não se trata a partir daí de acreditar que, graças a essas falas, detemos de fato o real, a realidade, mas de escutar um desafio: entrar através dessas palavras numa das moradas vivas da história, lá onde as palavras formam fraturas num espaço social ou imaginário particular. As falas de queixa, de sofrimento, marcam um lugar fronteiriço onde vemos a sociedade regulamentar, afrontar, bem ou mal, o que lhe sobrevém; a fratura que a dor formou é também um laço social, e os indivíduos o gerem de múltiplas maneiras. Quando se tenta refletir sobre esses momentos de sofrimento e sobre essas palavras em que se exprime a dor, é preciso não acreditar de antemão que é o excesso que se visita, logo o extraordinário, o histérico, esse dejeto inevitável de toda dificuldade social. Os instantes em que se exprime – de tantas maneiras – a dor revelam a formidável tensão que faz com que se confrontem a ordem e sua negação, a violência e o sentimento vitimário, o ódio e o desejo. Nos arquivos de polícia, as palavras da dor formam laços sociais, configurações relacionais que devem ser levadas em conta, tanto mais que essas palavras e esses atos são "representados" numa cena pública, aquela da justiça do Antigo Regime, mais preocupada com a ordem do que com a igualdade e se arriscando a maior parte do tempo sem precaução no terreno brusco, acidentado, cotidiano dos conflitos sociais e das paixões humanas. Esse encravamento entre violência, sofrimento e presença constrangedora do poder provoca também novas situações: a justiça regula o sofrimento? Ela o reduz? Em certos momentos essa gestão judiciária não é incitadora de violência e, portanto, da vinda de outros momentos em que as dores se transformarão em ação política?

Pode-se, dessa forma, fazer, a partir desse material, dois tipos de leitura: tomar as falas individuais e compreender ao mesmo tempo sua "competência" e sua função; estudar aqueles que têm autoridade para gerir a violência ou o despojamento, que reprimem, infligem ou perdoam. As falas se cruzam e interagem; nenhuma delas existe sem o horizonte de recepção que a rejeita, a consola ou a transforma. A queixa e a vontade social, assim como a vontade monárquica, formam espaços que são objetos de história. O trabalho histórico se faz desde então a partir da função sempre movente, móvel, cambiante – segundo os tempos e as situações – entre os ditos de sofrimento. As obrigações formais em que se inscrevem e a feroz singularidade de cada ser sofredor, de cada acontecimento sofrido, formam três níveis de leitura móveis e significantes que podem informar sobre a maneira como uma sociedade se move com ou contra o sofrimento.

Alguns exemplos podem esclarecer a proposição: a queixa na justiça no século XVIII traz à luz um grande número de conflitos de ordem privada ou coletiva. As pessoas lesadas em seus bens, agredidas em seus corpos, em rixas, se apresentam diante do comissário de polícia; da mesma forma, os conflitos de vizinhança ou de mercado estão extremamente presentes, assim como aqueles que concernem às relações entre homens e mulheres, entre marido e mulher, às relações conflituosas de trabalho, às crianças abandonadas ou maltratadas. A cada vez, a queixa se apresenta como uma narração, um relato oral ademais, retranscrito pelo escrivão: as notícias se atabalhoam aí na precipitação e numa certa emoção, o sofrimento se diz de maneira pudica ou violenta segundo o caso. Ao lermos tantas queixas diante dos comissários, podemos trabalhar não somente sobre seu conteúdo – etapa evidente em qualquer historiador – mas sobre as formas de enunciação, os códigos em que a fala se inscreve, os momentos em que escapa deles, a formulação singular e precisa do relato de infelicidade. Da mesma forma, é possível refletir sobre as consequências que essas palavras provocam: produzem compaixão? Levam suas testemunhas a manifestar solidariedade ou agressividade? Podemos sentir se o singular de um traumatismo individual vai ou não acarretar um leve ou profundo movimento social? Em que lugar, em que oco, em que faltas essas falas vão se inserir para interagir com situações vividas dia após dia pela população? Assim se revelam por vezes lugares de vulnerabilidade social que os acontecimentos habituais tratados pelo historiador não podiam deixar entrever. O suicídio, o acidente de trabalho, o aprendiz surrado, a criança maltratada, a mulher seduzida e abandonada, a rebelião são momentos particulares em que se desenham a um só tempo o singular e sua articulação com sentimentos coletivos existentes ou por nascer. Sem dúvida é preciso conceder um lugar à parte para a guerra que, nas sociedades do Antigo Regime, é pouco estudada na cotidianidade e no insustentável de seus sofrimentos. Pudor do historiador. Pudor também dos documentos, dos escritos de oficiais, dos arquivos militares. A guerra é o exemplo do sofrimento por excelência, mas de um sofrimento avalizado – ou mesmo engolido[7]

---

[7] Jogo de palavras entre *avalisé* (avalizado) e *avalé* (engolido). (N.T.).

– pelo aspecto dito necessário e inevitável do conflito – aspecto jamais reinterrogado. A guerra tem isto de exemplar ou de atroz: acarreta para a sociedade inteira uma maneira de a tolerar ou de se arranjar com ela que oculta o sofrimento individual sentido. Em 1743, após uma severa derrota, um oficial das Guardas escreve à sua namorada aquilo que viu e sentiu; pede expressamente que sua carta seja queimada após a leitura justificando-se assim: "Pois aquilo que escrevemos assim às pressas e com a dor no coração não significam[8] jamais nada".

Confissão terrível: a dor significa, e a maneira como a sociedade a capta ou a recusa é extremamente importante.

A dor política

A dor, sensação física e emocional – que não se pode separar da mágoa –, é uma forma de relação com o mundo. Nisso ela entra na paisagem cultural, política, afetiva e intelectual de uma sociedade. Esse contexto pode receber, rejeitar, agredir ou apaziguar essa dor: a história social se constrói nesse movimento incessantemente cambiante.[9] A dor não é uma invariante, uma consequência inevitável de situações dadas; é um modo de ser no mundo que varia segundo os tempos e as circunstâncias e que, por essa razão, pode se exprimir ou, ao contrário, se recalcar, se expulsar ou se gritar, se negar ou arrastar outrem para ela. Certas situações sociais ou políticas a constrangem fortemente, e as palavras de sofrimento, muitas vezes difíceis de suportar, podem se tornar o lugar de interditos e de tabus bastante firmes. Uma sociedade particular num dado tempo de sua história tem de fato um poder enorme sobre a expressão do sofrimento dos seus. A relação com o mundo que os ditos do sofrimento exprimem no inacabamento ou na impotência não é uma relação estável: sabe-se, a recepção feita ao sofrimento de outrem é infinitamente complexa. O sofrimento pode tanto repugnar quanto seduzir, gerar modos de assistência, sentimentos de compaixão.

---

[8] Mantenho a – estranha – concordância do original. (N.T.)
[9] Sobre temas aproximados, ver os trabalhos de Alain Corbin, notadamente *Le temps, le désir et l'horreur* (1991).

Assim, é preciso tentar inscrever essas falas em temporalidades definidas e compreender sua maneira de "se atualizar" no interior dos fenômenos coletivos que sustentam ou rejeitam o sofrimento.

A enunciação e a recepção da dor por uma sociedade em um dado tempo fabricam um dispositivo que faz sentido e cuja interpretação é necessária para compreender o presente e não cair nos estereótipos evocados mais acima.

Se consideramos certas formas de sofrimento e seus modos de expressão como acontecimentos históricos, podemos refletir sobre sua consequência: uma epidemia, por exemplo, pode tanto acarretar arranjos de ordem social e política quanto deflagrar movimentos religiosos de grande amplitude. A dor política – desprezo pelo rei, indignação diante da injustiça, revolta diante das recusas de sacramentos – tem suas palavras e formas de se exibir que conduzem a novos acontecimentos. Os sistemas punitivos do Antigo Regime que infligem os suplícios são um meio de governar; um dia, no entanto, esse sofrimento exibido provocará a dor naquele que a olha. O levante, o cadafalso tornam-se o meio de exprimir essa dor sobre as origens da qual podemos refletir.

Pode-se também trabalhar sobre essa discreta, e muitas vezes muda, dor das migrações, dos êxodos, dos deslocamentos de pessoas procurando trabalho em todas as regiões, longe de toda sua vida afetiva tradicional, e compreender que através desse sofrimento se tecem novos comportamentos e outras relações de força. Poderíamos mesmo evocar – notadamente para o século XIX – certas formas de expressão privadas e públicas da infelicidade feminina em face do mundo masculino – nos escritos e nas correspondências –, para melhor compreender o que se passa a um só tempo na vida familial e industrial desse século.

O sofrimento não é um resíduo de formas imutáveis; suas falas e seus gestos animam uma sociedade e a irradiam por todos os lados. Está também na aurora dos desejos fraternais e dos movimentos de solidariedade: quebra tanto quanto solda, mas é, evidentemente, a recepção que se lhe organiza que o torna sórdido ou motivador.

Uma vez dado seu lugar às palavras e às situações de sofrimento singular, o próprio historiador deve encontrar palavras para dizê-las, descrevê-las, introduzi-las de maneira pertinente em seu relato, a fim de implicar seus leitores nessas figuras significantes da alteridade que são ao mesmo tempo nossas e longínquas. A escritura da história também é um trabalho, sobretudo se deseja articular com o máximo de sentido possível o acontecimento do singular e o do coletivo. A coisa não é simples, pois há muitas armadilhas a evitar. É, de fato, fácil cair no miserabilismo, na aventura histórica "à la Zola", aquela que deixa lugar demais para o maniqueísmo e que, por isso, quase não permite interpretação significante. O historiador deve trazer reflexão antes de tudo. Pode-se ainda entrar insensivelmente nas formas sutis e finalmente muito elaboradas de um certo voyeurismo. A "estética da crueldade" é um lento veneno – infelizmente fascinante para alguns – que se torna rapidamente denegação de sofrimento ou derrapa para as regiões sombrias dos revisionismos mais indignos.

Outra coisa ainda: quando se trabalha sobre os grupos sociais mais desfavorecidos e desapossados, o sofrimento dos pobres é um tema forte. A narração desse sofrimento exige certo número de precauções: podemos rapidamente nos deixar arrastar para a descrição fascinada de uma espécie de "exotismo" da pobreza, desviar insensivelmente para um olhar que inferioriza aqueles mesmos que estudamos. Desde então a escritura deve manter essa tensão extrema que faz da fala sofrida do mais pobre uma alteridade a um só tempo igual e separada; fruto de uma condição singular e partilhada, que busca a todo custo seu arranjamento no interior da comunidade dos seres falantes. Visível, afastada, a fala sofrida, restituída pelo historiador à sua história e a outrem, é um êxodo de que a escritura historiadora deve traçar a viagem. A terra do sofrimento dos pobres não é uma terra exótica ou selvagem a visitar; é a matriz de uma comunidade social, por vezes mesmo sua terra de origem.

Por certo, a anedota é o que aflora com maior frequência quando se trabalha sobre essa multiplicidade de casos encontrados em arquivos, todos comoventes, todos espantosos. Ora, a história não é um acúmulo de anedotas, e a fala encontrada em arquivo, quando citada – o que é normal e são –, deve ser a base a partir da qual o relato histórico avança e se transforma ele próprio. O sofrimento não é anedótico: o acontecimento singular é momento de história.

Para a história do tempo presente, o problema se coloca de outra maneira, pois não se trata de anedotas, mas de testemunhos, e isso é bem diferente. Na realidade, esses dois tipos de relatos – aquele da disciplina histórica, aquele da testemunha ainda viva – não deveriam se opor, mas conseguir se interpenetrar e estimular reciprocamente. O testemunho precisa da disciplina para entrar num processo rigoroso de veridicidade e de coerência, essencial para a memória de nossas sociedades presentes e por vir. A disciplina histórica precisa do testemunho, sabendo que este é também reconstrução da memória e não – não mais do que o arquivo do século – simples reflexo do real.

Uma história que fosse feita apenas com testemunhos não criticados e retrabalhados seria uma história que perderia sua coerência e sua veridicidade. Uma história que não levasse em conta a testemunha e a irrupção da singularidade de sua situação seria uma história que recusaria o excesso, o desvio, o deslocamento, as paixões sangrentas, grandiosas ou infames.

Uma questão pode se colocar a partir da escritura do historiador que tenta dar conta da dor: pode-se, com efeito, pensar a justo título que, nesse domínio tão interior e tão íntimo da infelicidade, somente a literatura é capaz de dar, com suas palavras e sua linguagem, um verdadeiro estatuto ao sofrimento. Penso apenas que a emoção, a dor, a infelicidade são sentimentos que a história deve também interpretar, e o relato literário, por mais sublime que seja, não pode remediar uma ausência da história nesse domínio. A história pode se encarregar – de outro modo, num outro estatuto, com outras formas de demonstração – de singularidades, extravagâncias, emoções, infâmias, gritos, vociferações e dores para pontuar seu relato de suas irrupções trágicas que, por vezes, desviam seu curso. O historiador é também o vigia dos interstícios por onde entra em cena a infelicidade dita ou sufocada. A objetividade da história reside na possibilidade que seu sistema de inteligibilidade tem de introduzir aquilo que vem perturbar sua linearidade, suas aproximações médias, em suma, alguma coisa de sua serenidade. Um relato histórico que traz sentido e verdade para hoje é um relato capaz de assumir a irrupção das dores evocadas. Neste caso, a emoção não é uma deficiência para a pesquisa se aceitamos nos servir dela como uma ferramenta de reconhecimento e conhecimento. A emoção não é um revestimento pretensioso que torna insípido o objeto que recobre, é um estupor da inteligência que também se trabalha e se ordena.

Enfim, pensemos nos efeitos de leitura que o relato histórico provoca. Em 1997, o sofrimento extremo está próximo de nós, está em nossas fronteiras e mesmo em nosso país; em suma, é urgência. Assim, quando tratado pelo historiador em relação a outras épocas, parece importante que ele seja trabalhado no contexto dos mecanismos de racionalidade que o tornaram possível, a fim de determinar com a maior frequência possível os meios que o teriam tornado evitável. Trabalhar sobre sofrimento e crueldade em história é também querer erradicá-los hoje. Explicando os dispositivos e os mecanismos de racionalidade que os fizeram nascer, o historiador pode fornecer os meios intelectuais de suprimi-los ou de evitá-los. A dor não é um dado, é, o mais das vezes, dada, tem imediações e se insere em fenômenos de genealogia que podem se explicar e, portanto, ser eventualmente combatidos. Trabalhando sobre as condições de emergência do sofrimento em momentos precisos, pode-se tentar mostrar sua variedade e mostrar também que o sofrimento não é uma invariante regida pela fatalidade. Há racionalidades do abominável. São racionalidades sempre cambiantes, que é preciso isolar, estudar e fazer surgir de tal forma que possam ser julgadas, criticadas, desencravadas da fatalidade. Uma sociedade que se debruça sobre os mecanismos de racionalidade que organizam seus modos de produção de violência e de sofrimento é uma sociedade que faz "existirem" aqueles que a dor aniquila e que pode, se o desejar, encontrar outras formas de racionalidade para pensar de outro modo "a noite da violência que faz o homem se erguer contra o homem" (BOYER, "La vie fraternelle", *Furor*, n. 27).

Da violência

A violência e a barbárie desconcertam, enquanto os discursos sobre elas, sejam históricos, sociológicos ou mesmo filosóficos, deixam-nos insatisfeitos. A interpretação histórica da violência, dos massacres passados, dos conflitos e das crueldades, praticamente não permite, na hora atual, "captar" em sua desorientadora atualidade o que se passa sob nossos olhos. A insatisfação está presente em face de uma ausência de pensamento ou, ao contrário, da existência de interpretações sólidas mas, hoje, pouco adequadas. Parece que seria preciso dispor de meios mais elaborados para dizer a violência e, sobretudo, submetê-la a análises plurais que permitam – eventualmente – controlá-la, erradicá-la hoje, em todo caso resistir-lhe ou obrigá-la a não existir mais sob as formas coletivas e desenfreadas que são atualmente as suas.

Refletir sobre a história da violência e sobre a história das interpretações que a integraram ao coração dos dinamismos sociais, a fim de se submeter a novas interrogações em face de um presente inapreensível e cruel, pode parecer ambicioso e utópico. Entretanto, é justo tentar a aventura da reflexão para não se deixar desbordar por aquela do sentimento de fatalidade ou de impotência. O pensamento de Michel Foucault não é recente, mas a publicação dos *Ditos e escritos* permite tentar uma experiência: esses textos ditos ou escritos, que respondem em diversos países a múltiplas questões políticas, eventurais[10] ou filosóficas, podem servir de ponto de apoio para

---

[10] Utilizo o adjetivo neológico "eventural" bastante empregado nas traduções de certa filosofia francesa do acontecimento (*événement*) de que Alain Badiou é talvez o principal exponente. "Eventural"

uma reflexão em vias de reelaboração sobre a violência, a morte, a guerra e a crueldade? Mesmo que se tratasse apenas de esboços de pensamentos ou de respostas, estaríamos diante de deslocamentos de problemáticas certamente ricos em ensinamentos.

O trabalho iniciado aqui é, por um lado, um retorno a eixos e problemáticas tomados pela história, não para criticá-los e torná-los obsoletos (participamos, numa certa época, da efetuação de alguns deles), mas para interrogar sua pertinência e construir, agora, grades mais ajustadas e mais finas. Com efeito, nosso sistema de inteligência e de percepção está atualmente brutalizado – no domínio da violência – pelos grandes acontecimentos que atingem a Europa e a África (depuração étnica, violação sistemática, genocídio de populações). Várias tentações de ordem intelectual sobrevêm ao espírito: seria de novo o impensável, o fora-de-qualquer-lugar, o fora-do-humano da história? Estaríamos ainda uma vez numa franja cega e incompreensível da humanidade que obrigaria a deixar de lado todo pensamento sobre o acontecimento e suas formas de violência? Seria a prova exorbitante de que toda marcha rumo à "civilização" e à suavidade dos costumes é um engodo e que o caos original é a atualidade mais candente de nosso tempo? Seria o retorno (cíclico, inevitável) a um arcaísmo bárbaro que retoma seus direitos e seus jogos? Há ainda diversas maneiras intelectuais de sermos questionados pela amplidão da barbárie, que acreditávamos extinta para sempre após o genocídio da Segunda Guerra Mundial. Com efeito, podemos ainda nos perguntar se uma certa impotência espreita a inteligência em face de acontecimentos, ela que não pôde mais do que ser derrotada pelas consequências de certos sistemas ideológicos. A inteligência estaria hoje tão "borrada" pelo desbragamento da violência que desconfiaria de si mesma e desistiria, não de compreendê-la, mas de interrogar seus princípios e mecanismos – deixando-a invadir todos os campos do possível sob pretexto de que os marcos ideológicos estão mortos.

é o relativo ao acontecimento num sentido forte deste termo. Mais adiante aparecerá no texto o substantivo "eventuralidade" (*événementiel*), o caráter de acontecimento. (N.T.).

Sobre a legitimidade de buscar outros tipos de interpretação histórica além daqueles já utilizados

A interpretação, seja filosófica ou histórica, não é uma coisa regulamentada de uma vez por todas. É mesmo uma tarefa infinita, que coloca em primeiro lugar o caráter ilimitado e infinitamente problemático da coisa a analisar e daquele que a analisa. O espaço da interpretação é um espaço constantemente aberto e sempre por retomar. Michel Foucault podia sugerir a esse respeito que um dia se estabeleça a soma de todas as técnicas de interpretação do social e do homem que foram utilizadas desde o mundo grego: com a ajuda dessa soma poderíamos ler a história dos homens e aquela dos saberes tentados. Essa sugestão lhe permitia outra afirmação de acordo com a qual o importante na sociedade consiste certamente mais na interpretação do que na coisa. Com efeito, somente a interpretação é capaz de dar sentido, de produzir consentimento ou rebeliões, de "dar um eixo" ao curso das coisas. E é além do mais o sentimento que nasce em relação à interpretação, a opinião estabelecida em torno e a partir dela que produzirá outras interpretações, logo outros acontecimentos.

"Com efeito, a interpretação não esclarece uma matéria a interpretar, que se ofereceria a ela passivamente; ela não pode senão se apoderar, e violentamente, de uma interpretação já lá, que ela deve inverter, revirar, despedaçar a golpes de martelo[11]" (FOUCAULT, 1994h, p. 571). Assim, tem-se "um tempo da interpretação que é circular. Esse tempo é obrigado a repassar lá onde já passou" (p. 571).

À luz dessas reflexões, como não ver que em história elas se realizam constantemente? O exemplo da interpretação incessante da Revolução Francesa é significativo a esse respeito. Constatou-se, aliás, no momento do bicentenário de 1789, que as interpretações recíprocas de julho de 1789 e do Termidor eram muito mais importantes do que os próprios "fatos", quase apagados pelos discursos sobre eles. Da mesma forma, pôde-se ver que essas interpretações

---

[11] Essas páginas foram inicialmente o objeto de uma conferência publicada nos cadernos *Villa Gillet*, n. 3, nov. 1995.

conjunturais não fecharam o debate, que obrigaram mesmo a outras reinterpretações, produzindo ao mesmo tempo acontecimentos de ordem política e, em consequência, novos objetos de pesquisa. Em todo caso, nesse domínio da história da Revolução, não se pode negar que cada interpretação cria novas formas de aquiescência ou de recusa na opinião pública; posturas novas, vindas do mundo erudito ou do homem da rua, são criadas a partir dela.

A partir desse primeiro postulado – a interpretação é primeira em relação à coisa – pode-se avançar uma segunda afirmação. Através de cada movimento da história, através de cada período, produz-se um *sujeito* novo. A história, o acontecimento o constituem; fundado e refundado por eles, esse sujeito é o produto da história e de sua interpretação. Assim, pode-se compreender que seja, evidentemente, em vista dessas emergências históricas de um sujeito novo que se reorganizam interpretações e reinterpretações.

Se aceitamos, com Michel Foucault, que há a um só tempo reinterpretação ao infinito e refundação no interior da história de um sujeito novo, podemos finalmente buscar compreender como se institui, a cada momento histórico, a relação de uma sociedade com a violência, como se fabrica um homem violento ou dócil, como o discurso sobre a violência fabrica sujeitos resistentes ou consencientes e como sua reinterpretação pode trazer novos acontecimentos que a obrigam a adotar um outro rosto.

De algumas interpretações em história da violência

Segundo Norbert Elias e o conjunto de sua obra, a história do Ocidente entre a Idade Média e o século XX é caracterizada por uma progressiva transformação da economia emocional.

Um processo de civilização (ELIAS, 1975; 1985) se instaura, e a violência não está mais exposta à violência contrária e frontal. Pouco a pouco vê-se proibida, reprimida, recalcada; o espaço social progressivamente se pacifica enquanto os Estados absolutistas detêm sozinhos a força e uma verdadeira autorrestrição se exerce no interior dos indivíduos, que se tornam, entre o século XVI e o século XVIII, mais policiados, mais ritualizados e, portanto, menos violentos. Numerosas práticas sociais canalizam as emoções e os afetos enquanto "o" político assume a violência. Assim ocorre, por exemplo, na sociedade de corte, ou, mais recentemente, e diferentemente, no esporte, que se revela uma prática regrada que se apodera das emoções, das rivalidades e dos afetos. Uma regulação das tensões políticas passa por formas da autoridade do poder e das práticas sociais em que o indivíduo interioriza regras e comportamentos. O espaço público e o espaço privado adquirem pouco a pouco (tratados de civilidade, aprendizagem da leitura, adestramento dos corpos, sociedades de sociabilidade, regulamentos escolares, regulamentos esportivos, associações) o costume da não violência, ou ao menos de uma violência controlada, em que o processo de civilização permite a numerosas áreas do social conhecer uma relativa serenidade.

No interior dessas áreas, os mecanismos de transferência da violência são a um só tempo complexos e sutis, difíceis de estudar. É claro que é impossível, nestas páginas, entrar nos detalhes do pensamento eliasiano, que levou muito tempo para ter influência na França.

Essa mescla eliasiana (sociológica) penetrou amplamente a ciência histórica; revela-se convincente e satisfatória para certa história sociocultural, para a história da vida privada, dos modelos culturais e dos sistemas de representação, mas dificilmente pode dar conta das grandes rupturas violentas que afetam o corpo social. Guerras, genocídios, massacres, atos de barbárie, levantes, violências fendem com suas hiâncias[12] esse processo de controle da violência; as explicações, a partir de então, permanecem suspensas ou pouco convincentes. O forte sistema de causalidade (e talvez de linearidade?) que sustenta esse modelo de Norbert Elias não dá conta das descontinuidades e das rupturas; inconscientemente, parece obrigar aqueles que o seguem a pensar a partir de então os grandes avatares da violência não controlada como fenômenos não explicitados de retornos de arcaísmo, o que, no final das contas, não explica nada.

---

[12] O neologismo "hiância" costuma ser empregado para traduzir o conceito lacaniano de "*béance*": um hiato, um buraco, uma abertura, uma ausência que altera o processo de constituição do sentido (e do sujeito). (N.T.).

Nos anos 1970, os estudos sobre a violência são prolíficos; integram-se perfeitamente à conjuntura da época combativa e transgressiva que vê na rebelião, no conflito e na resistência meios de constituir laço social e de lutar contra toda tentativa de poder abusivo. Em 1970, a violência é — entre outros — um meio para um corpo social estabelecer uma espécie de comunidade resistente em face do Estado.

Além do mais, no plano intelectual, a disciplina histórica encontra novas ferramentas, tomando-as emprestadas da etnologia e da antropologia, muito vivas nessa época. Grandes trabalhos filosóficos e sociológicos abrem o caminho; pensemos somente no livro de René Girard, *A violência e o sagrado* (1972), cujo impacto é, nesse momento preciso, excepcional. Nesse quadro se aprofundam particularmente a noção de contexto no qual vivem e morrem as comunidades sociais assim como a análise dos rituais que acompanham o conjunto das formas de vida. Os rituais são pensados como formas de integração social, meios para os membros da comunidade fazerem parte dela e encontrarem certo conforto em seu seio. Da mesma forma se afirma a presença de um "todo simbólico" que harmonizaria os laços tecidos pela comunidade, de qualquer natureza que sejam. A violência, nesse contexto, encontra muito naturalmente lugar como uma "ordem das coisas" que provoca rombos — certamente — mas cujos gestos não destroem o conjunto do corpo social, bem pelo contrário. O esquema frequentemente adotado por sociólogos e historiadores é o seguinte: quando uma sociedade se sente ameaçada em sua realização e a simbólica coletiva corre o risco de ser arruinada pelas decisões que são tomadas a seu respeito, os gestos da violência decidida têm de fato por meta refundir o corpo social, destruindo a ameaça, distanciando-a e solidificando o laço social que parecia se desagregar. Trata-se aí de uma visão relativamente positiva da violência considerada como uma forma de integração. Citemos aqui como exemplo as primeiras linhas da contracapa do livro de Michel Maffesoli e de Alain Pessin, *La Violence fondatrice* (1978).

> Este livro vira pelo avesso as versões oficiais que designam a violência como pura negatividade, resíduo de uma era bárbara que seria preciso reabsorver, e as substitui por uma análise em

que a violência passa a ser compreendida em seu duplo desígnio de destruição e de fundação da ordem social.

A interpretação é clara: anima muitos trabalhos de historiadores sobre a festa e a violência, a desordem e a rebelião. Citemos de novo Maffesoli e Pessin: "A violência, a crueldade, a desordem, a festa, a perda não são mais do que aspectos da vida cotidiana levados a seu extremo, e este termo é a condição de um ressurgimento desta mesma vida cotidiana". Assim, haveria um drama orgânico da vida e da morte em que violência e festa teriam seu "doce" lugar. No horizonte dessas interpretações, que em filigrana sustentam numerosas pesquisas, existe uma verdadeira preocupação com a construção dos modos de regulação social, regulação que seria a um só tempo o ponto de partida dos modos de organização societária e sua culminância. Entre esses dois tempos, as violências são rupturas que, de fato, consolidam possíveis regulações.

A violência e a desordem têm sua função – e essa hipótese permanece, sem dúvida alguma, fecunda hoje; mais que isso, são de certa forma sacralizadas; o pesquisador, nessa forma de interpretação bastante monolítica, corre o risco de trabalhar apenas sobre os elementos que lhe permitem ligar incessantemente a violência e a ordem, numa perspectiva simbólica. Passa então a deixar de lado todas as indicações que se afastam desse caminho linear: existência de uma comunidade social ➜ ameaça a ela ➜ violência ➜ corpo social ressoldado. Há aí um tipo de funcionalismo que, trabalhado de maneira sistemática, revela-se exacerbado, tanto mais que o historiador, em todo caso, se beneficia de uma sorte extrema: conhece o fim da história. Fazendo isso, pode reinterpretar a ordem das coisas arranjando-a a seu resultado, exercendo nesse caso uma espécie de profetismo às avessas que não faz sentido. Ademais, a *démarche*, se está demasiado estreitamente ligada ao funcionalismo, tem algo de perigosamente aplanadora. Não escrevia Foucault (1994i, p. 150-151), questionando o historiador: "Sua aparente serenidade o faz reduzir tudo ao mais fraco denominador. Ele deve saber surpreender os segredos que diminuem [...] ter por pátria a bastardia e a vilania"?

Com efeito, nesse quadro, desvios, extravasamentos, deslocamentos não são levados em conta: o que se deve dizer (ou como analisar), por exemplo, dos momentos em que a própria violência parece lacerar o simbólico e fazer de tal modo que a ordem que seguirá seja forçosamente estraçalhada por essa experiência traumática? Como interpretar a violência quando esta se aparenta à barbárie e nenhuma justificação *a posteriori* permite recolocá-la num sistema coerente? Permanece impensável e nefasto deixá-la justamente no domínio do impensável, do caos e da barbárie, que são meios de derrapar no incontrolável e numa chocante maneira de avaliar crueldade e barbárie.

É preciso ainda dizer que essa interpretação bastante funcionalista dos anos 1970 trouxe numerosos trabalhos muito fecundos e que, além do mais, ela podia se justificar tranquilamente numa conjuntura em que a violência que se passava sob nossos olhos não representava um custo social muito alto e em que nos pensávamos definitivamente liberados das aberrações e monstruosidades da Segunda Guerra Mundial.

Nos anos 1980, as perspectivas da história mudam um pouco. Os atores sociais dominam a cena; quer-se, a justo título, tomar distância das explicações psicologizantes que fizeram das multidões instrumentos cegos da violência, massas animais ou fêmeas conduzidas pela selvageria ou pelo instinto. As pesquisas sobre as emoções populares, as violências coletivas e as guerras civis tentam reencontrar os atores sociais e seguir seus gestos, suas falas, seus percursos e suas ações. Os levantes são então divisíveis em cenas que o historiador tenta reconstituir: no interior de cada cena procura-se o conjunto das lógicas práticas que determinaram e depois organizaram a violência e suas manifestações. As práticas que regem o jogo dos atores são analisadas em lógicas; o levante é feito de comportamentos lógicos e diferenciados que são adaptados aos lugares e às circunstâncias, que, por vezes, improvisam um sentido que permitirá estabelecer novos gestos e outras ações. Assim, pôde-se trabalhar, na esteira dos trabalhos de Edward Palmer Thompson (e de sua economia moral da multidão [THOMPSON, 1971, p. 76-136]), sobre certas formas de legitimidade social e política das revoltas, levantes ou revoluções (FARGE; REVEL, 1986).

Ao mesmo tempo que apareciam lógicas particulares e comportamentos específicos, os atores sociais (e não somente os supostos chefes) saíam da sombra e eram estudados em suas intenções e práticas.

A leitura dos *Ditos e escritos*

Nos quatro volumes dos *Ditos e escritos*, não há nenhuma interpretação sistemática da violência, nenhum modelo global proposto, e isso é bom. Em compensação, ao fio das páginas e das questões colocadas a Michel Foucault, a violência se encontra frequentemente nomeada e por vezes refletida. É a partir desse material disperso que nos perguntamos se não jaziam ali alguns elementos próprios para reinterrogar a violência, para pensar aquela do passado assim como aquela que nos invade hoje. Sem esquecer que não é de modo algum uma questão de lançar às masmorras o conjunto das interpretações passadas, mas que se trata de descobrir se certas ferramentas que Michel Foucault nos dá podem reorientar certa forma de reflexão.

Em sua *Queixa da paz*, de 1517, Erasmo (1992, p. 914) escreve que "a natureza ensinou a paz e a concórdia" e que, em face desse estado natural, não se pode crer que "os homens que brigam e se combatem são dotados da razão humana".

Michel Foucault (1994i, p. 145) sustenta, por sua vez, logo de entrada, uma afirmação filosófica totalmente oposta: "O mundo é sem ordem, sem encadeamento, sem forma, sem beleza, sem sabedoria, sem harmonia". "O mundo ignora toda lei" (FOUCAULT, 1994c, p. 546). Vivemos sem pontos de referência ou coordenadas originárias, em miríades de acontecimentos perdidos: assim, na origem, não haveria a ordem, nem a razão, nem mesmo a liberdade. Esses postulados, longe de trazerem um nevoeiro definitivo sobre o caminho do historiador, permitem construir um olhar novo sobre o que Foucault chama a discórdia. Colocando o conflito no coração da existência social, considerando os começos como lugares da discórdia e do disparate, definindo o começo em sua baixeza e em seu derrisório, o homem é então o sujeito que inventa e constrói a partir desse disparate e dessa desordem: "que homens dominem outros homens, e é assim que nasce a diferenciação dos valores;

que classes dominem outras classes, e é assim que nasce a ideia de liberdade" (FOUCAULT, 1994i, p. 145).

A ilusão do progresso e de um processo de apaziguamento é aniquilada, mas a capacidade do sujeito permanece intacta, numa série de descontinuidades e rupturas que fazem sua história: "a história será efetiva na medida em que introduzir o descontínuo em nosso próprio ser" (1994i, p. 145). Pois, em suma, "a humanidade não progride lentamente de combate em combate até uma reciprocidade universal em que a guerra será substituída para sempre pelas rejeições; ela instala cada uma dessas violências num sistema de regras, e vai assim de dominação em dominação" (1994i, p. 145). A violência está, portanto, presente assim como o afrontamento, e é deles que nascerão valores, liberdades, a capacidade de substituir as regras precedentes por outras regras. Cabe aos sujeitos, a partir de então, demarcar os sistemas de violência que os constrangem, para poder se subtrair a eles, desfazer-se deles ou estabelecer outros modos de regulação.

Assim, servindo-se de alguns dados estabelecidos por Michel Foucault e os utilizando para construir outra história da violência, um outro olhar sobre aquela que é a nossa, pode-se já sublinhar que a violência é um fenômeno que se cola ao corpo de toda intenção, toda humanidade, todo pressuposto. Ela é de certo modo primeira e inverte os esquemas mais funcionalistas. O historiador busca, isola, demarca sua emergência em momentos ou acontecimentos-chave que, em seguida, vão instituí-la de novo em novas "regras", em novas estruturas (pode-se então esperar que mais plácidas...). Em consequência, a luta permite eventualmente inflectir momentaneamente a violência, ao criar condições para que outras configurações do social sejam organizadas e depois, sem dúvida, novamente desfeitas. Estamos, é claro, bem longe da crença em um processo calmo que se dirige progressivamente para o bem e para a felicidade: encontramo-nos em lugares factuais onde existem possibilidades de lutar contra a violência, pois, como escreve Foucault (1994i, p. 147), "a regra permite que violência seja feita à violência".

Os atores sociais estão num esquema que lhes permite inventar outros modelos, fazer emergir outros mecanismos. "A história", escreve ainda Foucault, "com suas intensidades, seus furores secretos, suas grandes agitações febris assim como suas síncopes, é o corpo mesmo do devir" (1994i, p. 147).

A partir dessas constatações, o historiador adota uma postura específica: pela introdução do conhecimento indica os meios para a luta, para o combate. Se traz à luz, pelo conhecimento, as regras que constituem os fenômenos de dominação e de violência, fornece os meios de refletir sobre essas regras, e os homens do presente podem analisar melhor aquilo pelo que passam ou as violências que os regem. Assim, o devir da humanidade pode ser olhado como uma série de emergências em que se reinterpretam as regras da violência, o que necessariamente as transforma. A partir desse sistema de conhecimento, os fenômenos de racionalidade da violência são não apenas tornados visíveis mas outras formas de racionalidade são autorizadas a colocá-los em jogo.

Aliás, nesse domínio particular de "racionalidade" e "violência", Michel Foucault é preciso. Numa entrevista com M. Dillon, em 1980 (FOUCAULT, 1994b, p. 38 *et seq.*), publicada no mesmo ano na *Three Penny Review*, declara que "entre violência e racionalidade não há incompatibilidade" e que "o mais perigoso da violência é justamente sua racionalidade". Respondendo de certa forma também à queixa erasmiana, acrescenta: "Meu problema não é fazer o processo da razão, mas determinar a natureza dessa racionalidade que é tão compatível com a violência. Não combato a razão". O esquema é claro: a coisa não é mais combater a razão-desrazão dos homens no momento em que se exerce a violência, mas analisar a natureza da racionalidade que produz essa violência a fim de transformar eventualmente seu curso.

O "não combato a razão" permite que nos voltemos para as configurações e os dispositivos que autorizaram a violência. Eles são diferentes a cada momento histórico e, se a violência é uma invariante, eles de modo algum o são. Possuem diversas formas, diversos rostos, nascem a partir de mecanismos específicos a cada vez. Assim, a violência – ou ao menos as formas de racionalidade que a regem – pode ser questionada de maneira singular e única a cada momento da história, no momento de cada acontecimento violento. Ela não é mais (ou é pouco) considerada *a posteriori* como uma forma que dá nascimento a tal ou tal fenômeno de consolidação do social; ela está isolada a montante através do conjunto de seus mecanismos, portanto se torna um objeto que pode ser transformado por outras formas de racionalidade.

Mas então "como são racionalizadas as relações do poder" (FOUCAULT, 1994g, p. 160) entre os homens numa sociedade (aquele, por exemplo, de uma classe sobre outra, de uma nação sobre outra, de uma burocracia sobre uma população, dos homens sobre as mulheres, dos adultos sobre as crianças)? Colocar essa questão "é a única maneira de evitar que outras instituições, com os mesmos objetivos e os mesmos efeitos, tomem seu lugar" (1994g, p. 160). Colocar essa questão é também, em nossa opinião, proporcionar-se o meio, enquanto historiador e cidadão, de desatar, já na interpretação, uma violência que se instaura num lugar preciso e compreender que a relação de poder tem também por racionalidade instituir tanto liberdade quanto coerção. O historiador, conhecendo e revelando as próprias raízes da racionalidade política, pode eventualmente fornecer os meios de canalizar para mais tarde esta ou aquela forma de violência. "Se há relações de poder através de todo campo social, é porque há liberdade por toda parte. Mas há efetivamente eclosões de dominação [...]" (FOUCAULT, 1994f, p. 720-730).

Onde encontrar essas formas de racionalidade? Elas se exprimem em numerosos lugares, se situam tanto nos discursos quanto na multiplicidade das falas singulares, tanto nas práticas sociais quanto por baixo do discurso. Sua nomeação, sua explicação fabricam outro olhar sobre a violência; a história se faz no reconhecimento de que os acontecimentos são singularidades irredutíveis e de que a humanidade se enraíza em pensamento na identificação dessas situações singulares. Um exemplo tomado a *Vigiar e punir*, de 1975 esclarece a proposição. Comentando o ritual do suplício (e notadamente aquele da roda) e partindo dessa definição dada por Jaucourt na *Enciclopédia:* "É um fenômeno inexplicável a extensão da imaginação dos homens em termos de barbárie e de crueldade", Michel Foucault (1975, p. 37) escreve: "Inexplicável talvez, mas certamente não irregular nem selvagem"; não é "uma raiva sem lei, mas uma lei que toma emprestada a raiva como modo de funcionamento". Assim definido, o suplício não se torna evitável? O encarniçamento dos atores sociais em lutar, em estabelecer novas falas e práticas, não se deve tanto a sua visão de um mundo que precisa se dirigir a um Bem supremo, mas a uma configuração precisa e precedente de onde surge um projeto novo capaz de barrar de uma nova maneira o desastre que sobrevém.

A guerra: sobre esse assunto Michel Foucault se exprimiu longamente em "Droit de mort et pouvoir sur la vie", quinto capítulo de *A vontade de saber* (1976), e depois nos seus cursos. Reler esse capítulo à luz do que foi dito antes esclarece singularmente certos conflitos de hoje. Num primeiro momento, Michel Foucault se interroga sobre a maneira como, no século XIX, as guerras puderam se tornar tão sangrentas e se pergunta ao mesmo tempo qual é o caminho paradoxal adotado pelas sociedades para que se tenha feito de tal sorte que "os massacres se tornaram vitais" (FOUCAULT, 1976, p. 180) num período em que se atribui o maior valor à vida (as precauções com sua saúde, sua longevidade). Vê-se, é uma questão que se encontra em defasagem em relação ao conjunto das teses sobre o acesso da humanidade à pacificação.

A tudo isso, Michel Foucault responderá de maneira a um só tempo violenta, drástica, lógica, inesperada, retomando tudo ao avesso, fazendo ficar de pé situações que a opinião acredita contraditórias.

Desde o fim da Idade Clássica (período-chave para Foucault), uma ruptura se forma; a uma sociedade sob a ordem do soberano, que expõe seus súditos à morte quando ele próprio está ameaçado e que exerce seu poder como uma instância de confisco da vida, do corpo, do sangue de seus súditos, sucede uma sociedade cuja técnica de poder não é mais o confisco. Com efeito, a morte tendo arrefecido um pouco (as sociedades conhecem menos epidemias devastadoras e fomes mortais), aparece uma noção nova: aquela de população. Um novo espaço nasce onde são levados em conta o processo da vida, as probabilidades de vida e de saúde de uma população, as forças que a compõem e que devem ser protegidas. Desde então, o poder não está mais em face de sujeitos sobre os quais o domínio último é a morte, mas em face de seres vivos sobre os quais o domínio exercido é a vida. Passa-se, diz Foucault, a gerir a vida, a espécie. E as guerras vão se realizar nesse novo contexto, não mais em nome apenas do soberano, como sem dúvida se dava no século XVII, mas em nome da existência de todos. Assim, populações se acharão paradoxalmente levantadas umas contra as outras em nome da necessidade que têm de viver. "O princípio, poder matar para poder viver, que sustentava a tática dos combates, se tornou princípio de estratégia entre Estados, mas a existência em questão não é mais a da soberania, é aquela, biológica, de uma população [...]. O poder se exerce no nível da vida, da espécie, da raça" (FOUCAULT, 1976, p. 180).

Estamos numa problemática em que a natureza da racionalidade do poder explica a violência e a destruição tornando-as compatíveis, o que explica que uma sociedade pode fazer com que a pena de morte seja cada vez menos frequente enquanto o número dos homens mortos na guerra é cada vez mais elevado. A razão de ser do poder não é um sentimento humanitário, uma suavização dos costumes, mas uma lógica de seu exercício. Se é preciso multiplicar a vida e a reforçar, a pena de morte se torna obsoleta, mas a reflexão sobre a espécie e a população vai condicionar a entrada em guerra ou mesmo incitar a guerras civis entre populações. Assim, pode-se dizer que o nazismo é antes de tudo uma política em que a racionalidade do abominável é uma lei.

Como não compreender a partir de então que a singularidade do Mal é tributária da singularidade de uma política? O mal está subordinado aos processos que logicamente o reivindicam, o mal é o próprio tema que organiza esses processos.

Ao final dessa reflexão, parece conveniente que, refletindo sobre o que é sugerido sobre a violência e a crueldade nos *Ditos e escritos*, possamos tomar posição em relação a esses temas, quando mais não fosse para demarcar em cada momento histórico, fora de todo pressuposto linear de continuidade e de progresso, de origem e de destinação, os tipos de racionalidade que se tornam compatíveis com a violência. Em vez de ser considerada como uma consequência social, a violência pode ser mostrada como o objeto – o tema – principal de uma política. Além disso, a "racionalidade do abominável" deixa de ser corroborada por interpretações simbólicas em que o sagrado se instaura a partir do fim da violência. A racionalidade não quer dizer progresso nem bem, e interrogá-la a cada instante permite compreender suas configurações e assim poder destruí-las. É preciso então compreender as formas de racionalidade que fazem jorrar a violência. Um espaço complexo se abre onde o historiador, cujo procedimento é de revelar os mecanismos racionais que conduzem à violência, mostra eventualmente que, se esses mecanismos existem, outros podem existir, contrários, diferentes, se abrindo a novas possibilidades. Violência, barbárie e crueldade são organizações de poder que se inscrevem em enunciações políticas: nada é fatal nem mesmo obrigatório em sua aparição, uma vez que todo mecanismo é um jogo que se desmonta, e por vezes mesmo se abole, num outro jogo.

Da guerra

Dizem-na sempre "mortífera *mas* inevitável", "insuportável *mas* ordinária". Como pensá-la de outro modo em história? A história jamais teria contado a guerra? Sim, é claro, o reino da história-batalha floresceu com aquele de seus corpos de elite e a lembrança de seus heróis. Os acontecimentos foram fielmente contados por ilustres historiadores; depois, com o declínio da história como crônica de acontecimentos a partir dos anos 1930 (os Annales, Lucien Febvre e Marc Bloch), a anedota, o relato das batalhas e das estratégias foram deixados de lado. Fazendo isso, a história se fez discreta, ao menos no que diz respeito à face sombria e cotidiana em que a morte e o sangue roçam o horror. Hoje, estranhamente – e em parte dolorosamente –, a história da guerra retoma certa atualidade. Ai! Eis aqui o que foi escrito no dossiê de imprensa (janeiro de 1996), estabelecido pelas Éditions du Rocher, que apresenta sua nova coleção A Arte da Guerra (Coleção de Estratégia e de História Militar). Existe "uma retomada de interesse do público pelo pensamento estratégico, desta vez, concebido sob seu aspecto prático. Assim, vemos multiplicarem-se no mundo anglo-saxão e no Extremo-Oriente as publicações de artes da guerra antigas utilizadas como '*guias de saber prático*' (sou eu que sublinho) nos diversos domínios da atividade econômica contemporânea ou do sucesso pessoal. Trata-se da retomada de uma longa tradição pedagógica do estudo das obras de estratégia militar que era uma parte integrante da educação do homem cultivado".

Se a arte da guerra é um guia de saber prático, certamente é tempo de reatar com uma história da guerra que pudesse deslocar os termos "arte", "inevitável" e "ordinário" para eventualmente torná-los obsoletos, adotar um olhar oblíquo e fazer um relato de realidades históricas moventes e não invariantes.

O projeto aqui é de fazer da guerra um objeto contornável, desmontável, isolado das outras guerras, e que escape à fatalidade dos estereótipos que regem tantos estudos e nos encurralam, obrigando-nos a nos exprimir numa litania exorbitante de lugares comuns tais como "desde sempre o homem fez a guerra e assim a fará por toda eternidade". Esta submissão à ideia feita é não apenas preguiçosa, mas malsã, já que irreal e não inventiva. Por que então pensar (e aceitar de antemão a ideia de) que a guerra seria (antes mesmo de que se estudem suas origens e seus começos) nossa inevitável realidade, a essência mesmo de nossa incapacidade de nos entendermos. Certamente, a história dos homens e das mulheres regurgita guerras; é mesmo (talvez), a longo prazo, antes uma história das guerras e dos afrontamentos do que uma história das concórdias e dos tratados de paz. Essa evidência (jamais revisitada) se afronta apesar de tudo a um fenômeno muito importante e pouco notado: a aspiração à paz social, econômica e internacional é uma realidade visível, legível. Os homens não têm constantemente vontade de lutar. Essa aspiração à paz, seus modos de expressão e de realização podem ser objeto de história.

Por enquanto, pensemos na guerra e em sua história dita inevitável: é evidentemente difícil e um pouco utópico pensar a contrapelo das evidências sugeridas e também da multidão de escritos literários, filosóficos, sociológicos sobre esse assunto que confirmam nosso espírito e nosso coração na certeza de que a guerra é um lugar inevitável, sem origem e sem fim. Os exemplos são tão numerosos na literatura que tomar apenas um parece derrisório; apesar de tudo é eloquente e vem de uma novela de Dino Buzzati (1967 *apud* CHANTEUR, 1989, p. 18): "E quando a noite se dissipa e o sol aparece, outra carnificina começa, com outros assassinos de estrada, mas de igual ferocidade. Sempre foi assim desde a origem dos tempos e será do mesmo jeito por séculos até o fim do mundo".¹³ Sim, é certo, quando a noite se dissipa, outra carnificina começa, mas somos obrigados a crer que "será do mesmo jeito por séculos até o fim do mundo"? Não é antes "a força cega do hábito que mantém a realidade e o conceito" (JOXE, 1991), e qual é então esta estranha disposição que nos fez considerar esse fenômeno como normal?

Uma das responsabilidades é a de se perguntar, entre outras questões, em que este tempo preciso e exacerbado – uma guerra – é finalmente anormal, em que momento particular se decide, sobre que consenso (ou ausência de consenso) se forma, entre que modos de tolerância e de intolerância decorre, contra que vontades se fabrica, que consequências provoca entre os homens. Outra questão que se pode colocar é aquela da articulação entre o desejo de guerra, aquele de revanche, e o pavor da morte espalhada, o luto que dura gerações após as vitórias e as derrotas.

Existe uma grande variedade de dispositivos políticos e sociais, míticos e imaginários que produzem e acolhem uma guerra, tornando-a possível ou desejável. Estranhamente, se conhecemos bem a história estratégica e diplomática das batalhas, quase não sabemos o que dizer de cada uma de suas singularidades humanas, que não as tornam nem semelhantes nem inevitáveis. Repudiando a justo título a história positivista e a história-batalha, a escola dos Annales, de modo bastante compreensível, lançou menos luz às consequências humanas da guerra, salvo recentemente quando se tratou de refletir sobre as guerras do tempo presente e sobre o sinistro século XX. É preciso também mencionar os trabalhos pessoais de André Corvisier e aqueles estabelecidos sob sua direção, como *L'Histoire militaire de la France*, em quatro volumes, das origens a 1991.¹⁴ Muito especializados, estes trabalhos não têm por meta interrogarem-se sobre a guerra, mas sobre a maneira como as armas e a defesa se transformam e se integram à nação.

---

¹³ Na origem deste capítulo, uma comunicação foi feita em outubro de 1995 no Fórum Le Monde-Le Mans, consagrado ao tema "Jusqu'où tolérer?", sob a direção de Roger-Pol Droit.

¹⁴ Sob a direção de CORVISIER, *Histoire militaire de la France* (1992). Cf. também CHAGNIOR, *Paris et l'armée au XVIIIe siècle* (1995).

Um objeto filosófico

Antes de ser um objeto de estudo sociológico ou histórico, a guerra é um objeto de estudo filosófico.[15] Pode-se fazer uma rápida e não exaustiva historicização deste pensamento filosófico da guerra, antes de dar alguns elementos que contribuam para a historicização de sua sofrida realidade.

Para o mundo grego, a ordem do mundo se estabelece pelo jogo necessário da guerra e da paz. "Tudo se faz por discórdia", escreve Heráclito, enquanto que a maior parte da filosofia grega se inscreve no interior dessa necessidade, condição da vida humana, virtude cívica e moral. De outro lado, a civilização judaico-cristã entretém uma relação menos simples com a guerra. O "Não matarás" pronunciado por Deus e retomado no capítulo XX do Êxodo, depois no Novo Testamento, vai complicar a tarefa dos filósofos e dos teólogos. Enquanto o amor e a paz são os dois valores sagrados dessa civilização, os padres da Igreja trabalham sobre o conflito e a discórdia emitindo opiniões frequentemente contraditórias. Alguns excluem a guerra desde o princípio, outros a consideram lícita em certas condições. Será o caso de santo Agostinho, por exemplo. Santo Tomás de Aquino demarcará essa posição com a aparição de uma noção nova: a guerra justa. A guerra é dita justa se é empreendida por um poder legítimo que tem por meta assegurar uma paz ameaçada, e isso por uma causa justa. Depois sobrevém a questão filosófica do desejo da guerra, e Maquiavel assegura que a raiz mesma desta está no desejo, esse atributo da natureza humana que a distingue da animal. O animal sobrevive combatendo, o homem deseja a guerra.

Mais tarde, com O *Leviatã* de Hobbes, a paz é pregada como sendo o meio de conservar o homem, cuja essência é a guerra. Com efeito, essa exacerbação dos conflitos permite ao homem satisfazer uma paixão quase instintiva e abolir com ela seu temor do outro. A

---

[15] Não podemos citar o conjunto dos trabalhos, que vão da Antiguidade a nossos dias passando por Santo Agostinho, Maquiavel, Hobbes, Clausewitz e tantos outros... Citemos como exemplo alguns livros recentes: CHANTEUR (1989); D'ALLONES (1994); DELMAS (1995).

glória vem apenas como um acréscimo, uma vez realizada essa paixão e desfeito esse temor. Poderíamos ainda falar de Hegel, para quem a guerra é um ato fundador que dá nascimento ao ser humano: por essa decisão, mostra ao outro que não está apegado à vida e que a realização humana se faz numa luta até a morte.

Mas existem também *filosofias da paz*, chamadas frequentemente nas obras de utopias. Para serem construídas, haurem elementos da existência histórica dos homens, da historicização das situações. A guerra é uma invariante, um objeto filosófico; a essência do homem, neste sentido, constitui a paz como uma variante histórica da guerra. Quando La Boétie, por exemplo, explica a fraternidade como uma não submissão do homem ao homem e avança que o estado de natureza é pacífico, realiza de fato um sonho de fusão, mas sabe também que esse sonho é muitas vezes quebrado pela história que ritma o tempo em guerras e tréguas. Pergunta-se então sobre o que na história do homem veio contradizer a realização pacífica. Diante de tal questionamento, conclui que a história pode, tomando consciência, renunciar a este hábito desastroso que é a guerra. "Tomar consciência" não é, a cada instante de um tempo histórico dado, numa sociedade dada, tomar a medida dos motivos e dispositivos que desfiguram a paz e constroem devastações belicosas?

Da mesma forma, Jean-Jacques Rousseau é obrigado a se servir da história para sustentar sua teoria: segundo ele, a paz é original e, se a guerra vem destruí-la, não é em razão de algum pecado original (como frequentemente se diz), mas porque a "natureza" humana não se encontra jamais nas condições materiais, geográficas, históricas e climáticas que lhe assegurariam uma existência em conformidade ao que ela é. Para Rousseau, há depravação do homem histórico, ou seja, uma noção pessimista do devir histórico. O homem está de um lado, com sua natureza boa e bela, a história sobrévem do outro para desfazer essa disposição – o tempo – de maneira irremediável. Claro está, o que quer que possamos pensar dessa concepção filosófica e histórica, que essa *démarche*, como as precedentes, coloca de modo ativo o papel da história. Em seu *Projeto de paz perpétua*, Kant leva em conta a história: sabe que o homem sempre fez a guerra, mas afirma, apesar de tudo, que a guerra pode cessar e a ideia de paz, ganhar realidade. Seu argumento é o seguinte: a espécie humana tem por originalidade em relação à espécie animal o fato de ter consciência da lei moral. Admitiu também que podia se afastar dela, o que é o penhor de sua liberdade e prova ao mesmo tempo que sua inclinação para o mal não é necessária, portanto, que a história está livre de seu tempo. Para Kant, a guerra não é tão necessária assim, e o desvio em relação à paz é de fato a história desejada do homem, a história adjacente a sua liberdade.

Essas poucas considerações sobre a guerra como objeto filosófico estão aí para mostrar que o estudo da paz e da guerra necessita, para se fazer, de um desenvolvimento temporal, e que é seguramente insatisfatório limitar-se a definições da natureza humana ou da essência do homem para explicar os momentos guerreiros ou aqueles de paz. As condições nas quais a paz se encontra, se aloja ou se inscreve numa sociedade, devem ser pensadas no contexto da obra humana, no direito, na economia e nas formas da vida internacional. Da mesma maneira podem ser pensadas as condições reais em que a guerra surge, se estende ou se eterniza.

Essa suave "esperança na paz", a um só tempo real e elaborada filosoficamente, é também feita de espaços sociais e históricos materiais que a organizam. Obra a realizar, a paz se projeta e se funda. Desastre funesto, a guerra é um caminho escolhido. De fato, a razão e a liberdade reunidas constroem tempos precisos, todos diferentes, crivados de falhas, eriçados de obstáculos, votados à paz ou investidos pela guerra, segundo determinações e condições de possibilidade que podemos explicar histórica e socialmente.

Um objeto de história

Construção social, a guerra é o produto de uma multiplicidade de racionalidades. Pode-se trazê-las à luz (como acaba de ser proposto para a história da violência) a fim de que a guerra apareça não como um ato submetido às invariantes da natureza humana, mas deliberadamente escolhido em função de critérios que, uma vez estabelecidos, têm chance de se revelarem modificáveis no porvir. Em certo sentido, a história efetiva da guerra abre ao porvir um campo de reflexão.

A desordem guerreira levanta muitas questões, dentre as quais algumas, por pudor (mas de que pudor se trata?), são pouco abordadas. Com efeito, a batalha é um acontecimento, conduzido por homens e sofrido por populações, que acarreta a um só tempo o medo, o sofrimento, a morte, a barbárie. O que sabemos do medo do combatente? O que sabemos da covardia ou de sua coragem, de suas convicções ou de suas resignações? E se para alguns a guerra permanece um mito, ou ainda um ideal, que se passa com aqueles que a fazem e com aqueles que a "recebem", no espaço íntimo de seu espírito e de seu imaginário? Quem, pois, tolera a guerra, ou obriga os outros a tolerá-la? Sobre que sistemas de consentimento, de denegação ou, ao contrário, de desejo ela se organiza? Em que halo de horror nomeado ou calado se encontra inserida? É preciso também refletir sobre a memória que inscreve no homem e sobre a temporalidade que lhe inflige. O soldado de 1914, que partiu para uma conquista rápida, viveu um tempo tão longo de desastres que tudo nele foi modificado: o silêncio que se infligiu em suas correspondências e em seus famosos "cartões postais" tem alguma coisa de muito importante a significar. Aliás, o historiador trabalha sobre isso hoje.[16]

Situação política, passional e existencial, a guerra é um acontecimento em instância que "desmultiplica" os sentimentos ao mesmo tempo que obriga seres humanos a se tornarem diferentes daquilo que queriam ou imaginavam ser. Os paroxismos são tais que deveriam ter um nome, nomes, para a história; ou seja, que com eles a história seja feita a fim de que possa ser desfeita.

Trabalhar com essa ideia – de que explicar os mecanismos de um acontecimento e nomear o conjunto dos sentimentos que o rodeiam permite modificar aquilo que, à primeira vista, parece imodificável – não deve fazer crer que entramos aqui num sistema de crença, ingênuo e utópico, na perfectibilidade humana, que asseguraria a paz para sempre. Estudar a guerra e seus momentos, como

---

[16] Numerosos trabalhos neste domínio são feitos no Institut d'histoire du temps présent. Podemos citar como exemplo aqueles de Stéphane Audouin-Rouzeau sobre a guerra de 1914, dentre os quais *14-18, les combattants des tranchées: à travers leurs journaux* (1986) e *L'enfant de l'ennemi 1914-1918* (1995).

tantos acontecimentos articulados e dizíveis, é simplesmente poder perguntar *em que* foram possíveis, portanto em que teriam podido escapar a essa possibilidade. É trabalhar sobre "a singularidade do acontecimento, fora de toda finalidade monótona, e espreitá-lo (ele e suas consequências) lá onde menos se o espera [...]" (FOUCAULT, 1994i, p. 138). É, ainda, aproveitar seu retorno, não, de modo algum, para "gozar" de sua evolução, mas para compreender que outras cenas se representaram ainda, com outras racionalidades e paixões. Tudo isso pensando que, de qualquer maneira, "aquilo" que aconteceu podia não ter lugar.

A guerra no século XVIII

No século XVIII, a guerra é uma construção consciente e organizada, e, se devemos analisá-la, é tornando-nos "leitores da desordem" (JOXE, 1991), mas também leitores de mitos, e desfazendo-nos de pensamentos seguros demais, para abordá-la como ameaça de morte.

Ameaça de morte. A expressão pode parecer paradoxal àqueles que creem saber que não há guerra em território francês no século XVIII e que aquelas que se organizam nas fronteiras são ditas guerras dos príncipes, comentadas de longe por uma opinião pública pouco interessada, ou somente reativa em relação ao aumento dos impostos. No entanto, há morte, apesar do rei Luís XV, chamado Luís, o Pacífico, pouco guloso de guerra, mas que conduz três, finalmente longas e mortíferas.

A primeira guerra, aquela da Sucessão da Polônia (1733-1738), é uma questão de honra (HOWARD, 1988). Com efeito, há algum tempo a "questão da Polônia" agita a Europa. Quando Estanislau é eleito rei, vê-se caçado de seu trono; suplantado pelo eleitor da Saxônia, é encerrado em Danzig e sitiado por um exército russo. A opinião francesa quer vingar Luís XV dessa afronta que lhe é feita; embaixador em Copenhague, o conde de Plélo (coronel dos dragões exaltado e vivo) obtém a passagem de sua frota e das tropas enquanto, após hesitações, silêncio, renegações, Fleury acaba por enviar três corpos expedicionários a Danzig. É uma guerra de cercos de mecânica ordinária, desgastante e fastidiosa. Enquanto em Danzig o conde de Plélo vê voltar com estupor seus dois regimentos, decide desafiar essa desonra, toma o comando das tropas e parte para a batalha com elas, conduzindo, sem maiores precauções, o que será um "ataque louco". No dia seguinte a essa batalha, os russos enviam em carroças, com o corpo de Plélo, os mortos franceses. Foi dito, com efeito, que se tratou de uma guerra cortês, em que, durante os cercos, todos se divertiam representando comédias, com as damas da guerra; foi dito, ainda, que em Danzig, às vésperas da batalha, os oficiais russos tinham a extraordinária polidez (?) de levar damas polonesas até as linhas francesas para que os oficiais lhes fizessem a corte. A coisa está quase certa; entretanto, para essa guerra, 84.000 milicianos foram recrutados e a batalha de Danzig foi sangrenta. Ao mesmo tempo – não se deve esquecer – era preciso marchar rumo à Itália, onde se lutava intensamente para repelir os austríacos: serão "verdadeiras matanças", com mais de cem oficiais mortos, o que faz augurar o pior quanto aos soldados. Mas as cifras dos mortos anônimos jamais são publicadas (LÉONARD, 1958).

Mais tarde, em 1740, abre-se a Guerra de Sucessão da Áustria: o marechal de Belle-Isle recebe o comando, com 40.000 homens, a fim de sustentar o eleitor da Baviera, concorrente de Maria Teresa ao império. Belle-Isle leva consigo Maurício da Saxônia, tenente-general, a fim de prosseguir essa guerra em que se tratava de poder fazer coroar em Praga o eleitor da Baviera. Assim, era preciso tomar Praga ao rei da Boêmia. É Chevert que é encarregado dessa missão. Uma primeira vitória é marcada em 1741, quando sobrevém a má notícia: o rei da Prússia, Frederico II, aliado da França e do bávaro, assina com a Áustria a paz separada da Breslávia. Belle-Isle deve então se retirar de Praga: aproveita a geleira para levar 12.000 homens consigo, deixando de fato Chevert em Praga com 5.000 doentes e feridos em más condições. Até aqui, o exército francês combatia como auxiliar do exército bávaro e imperial, assim como daquele dos eleitores. No fim de 1744, a guerra será oficialmente declarada à Inglaterra e à Áustria: em Praga, de 7.000 a 8.000 homens morrerão em condições pavorosas. Numerosos testemunhos surpreendentes relatam o estado lamentável dos exércitos, a indisciplina, as pilhagens, os mortos em abundância: basta ler Vauvenargues, que perde em Praga um de seus amigos mais queridos, e Maurício da Saxônia em seu *Traité des légions,* publicado após sua morte em 1753.

Em 1744, o rei Luís XV assume o comando das operações, sem convicção e em condições particulares, muitas vezes mencionadas (leva consigo, contra todos os conselhos, sua amante, a duquesa de Châteauroux e depois cai gravemente doente em Metz): serão primeiro aquilo que se diz serem cercos fáceis de realizar, Ypres, depois a retirada dos austríacos, a entrada em Estrasburgo e a tomada de Friburgo. Será, enfim, a muito proclamada e honrada (pensamos em Voltaire) vitória de Fontenoy, em 1745, vitória brilhante, mas sem nenhum resultado político. A paz se prepara em péssimas condições, o rei não consegue negociar, declarando agir "como Rei e não como mercador". Ainda que sejam dadas honras e recompensas ao marechal da Saxônia, a hostilidade da corte cresce contra ele enquanto leva seus voluntários para serem admirados pelo rei no Bosque de Bolonha, onde toda a Paris vem admirar ingenuamente tropas estrangeiras de costumes bizarros, "negros sobre cavalos brancos", etc. A paz assinada em 1748 é uma paz perdedora. Além disso, nos exércitos, fascinados pelos da Prússia, os casos de indisciplina maior se multiplicam, enquanto numerosos oficiais refletem, por um lado, sobre sua situação, e, por outro, sobre a possibilidade de organizar novas táticas e estratégias, outras concepções da guerra. Aqui, uma vez mais, os recrutamentos serão numerosos, atingindo os 145.000 homens.

A Guerra dos Sete Anos (1756-1763) foi de longe a mais cruel e a mais difícil do século: ainda que pouco se tenha dito, criou um verdadeiro traumatismo no corpo social, assim como no dos oficiais. Para ela, são recrutados 104.000 milicianos, mas os exércitos permanecem verdadeiramente sem comando eficaz, de tanto que os oficiais e os generais brigam. Despojados, abandonados, por vezes nus ou esgotados, os soldados passarão por batalhas pesadas em derrotas, enquanto que, o recrutamento habitual não sendo suficiente para prover a necessidade de homens, veremos oficiais roubarem recrutas uns dos outros. A guerra é longa, as aldeias e os camponeses sofreram muito, a desordem é imensa. Sobre as costas as derrotas são severas.

Em 1761, Choiseuil será nomeado ministro da Guerra em substituição ao marechal de Belle-Isle: ele o será até sua desgraça em 1770 e tentará duas reformas, em 1762 e 1764, visando a reorganizar o recrutamento, o enquadramento e a administração do exército. Será sobretudo após a dura Guerra dos Sete Anos que grandes decisões de reforma serão tomadas, notadamente com o conde de Saint-Germain (que foi tenente-general durante essa guerra); ele promulgará, em menos de dois anos, 98 decretos transformando a organização militar, lutando contra a nobreza e criando realmente um exército do Rei. O conde de Saint-Germain será desde então um bode expiatório, pois suas reformas, embora inspiradas em Guibert (*Essai général de tactique, 1770-1773*), serão extremamente impopulares.

Ler a desordem

Pode-se ler a desordem em diversos níveis. A narração precedente dos três episódios guerreiros nas fronteiras da França, que se estendem por todo o século XVIII, mostra claramente decisões conscientes e organizadas, com mecanismos relativamente estáveis, em que príncipes, sucessões e questões de honra fazem uma Europa em armas se mover, uma França sem convicção e sofridos exércitos franceses. Mas os processos de decisão são visíveis: neles, a guerra jamais aparece como uma fatalidade, e sim como um princípio declarado de solução de conflitos entre príncipes. A guerra aqui, por três vezes, é anormal, evitável; é uma configuração política da violência simbólica, um momento fatal de aferrolhamento da história, e se apoia sobre a ameaça de morte, no preciso momento em que poderia ter inventado outros tipos de ameaças. Mas, no século XVIII, a guerra já está constituída há muito tempo como um estado e um resultado de uma natureza humana impiedosa e selvagem: outros códigos de representação teriam arrancado a guerra a sua pseudonecessidade.

Ainda em outro nível, lê-se a desordem: numa realidade territorial e humana bem pouco descrita até aqui. A guerra está ao longe, em direção a Flandres, em territórios fronteiriços, e o recrutamento demora a inquietar a opinião. É claro, apenas os fronteiriços, as aldeias do norte ou as populações atravessadas pelas marchas de soldados podem informar sobre o que foi o estado das coisas. Difícil, é certo, encontrar traços disso nos arquivos: entretanto, certas anotações afloram, claras, precisas, exprimindo desolação ou sofrimento, enquanto outras, mais concretas, indicam certos fatos que dão a pensar.

Os boletins de polícia conservados na biblioteca do Arsenal[17] informam bastante bem sobre as primícias e sobre a Guerra de Sucessão da Polônia. Entre 1733 e 1735, os observadores salientam os incidentes da opinião e o conjunto bem particular das razões para a entrada na guerra. Esporadicamente vêm algumas notícias do recrutamento das milícias de que se sabe muito bem que não é feito sem abusos (Farge, 1996), sem esgotamento da parte dos recrutas, sem desolação da parte das populações forçadas a sofrer as passagens dos soldados. No dia 16 de julho de 1733, encontra-se anotado da maneira mais lacônica, nos boletins parisienses, o anúncio de um motim de milícia nas Ardênias, em Charleville:

> Diz-se da mesma forma que houve uma revolta perto de Charleville, da parte da milícia que está em guarnição nesse cantão, que essa revolta foi suscitada pelo povo, e outros asseguram que o povo não teve parte alguma, que um grande número de milicianos foi preso e enviado às galeras. [...]
>
> 25 de julho de 1733. Não temos notícia alguma de nossos baixéis comandados em Toulon pelo senhor Cavalheiro de Luynes, esperamos seu retorno a Bresse. Estamos muito surpresos que se tenha dado esse comando a esse cavalheiro que é um velho celerado que sempre viveu em debochas com sua própria irmã ignorando tudo da arte da marinha e que não esteve no mar há 17 anos, e eis como o Governo vai na França.

Não se aprova muito que os soldados de milícia em Champagne tenham sido dizimados por se terem revoltado contra seus regimentos; "bastava fazer punir os autores da revolta".

---

[17] Redigidas por observadores da polícia, informam o tenente-general da polícia de Paris e consequentemente o rei, sobre certo estado da opinião parisiense. Estão conservadas na biblioteca do Arsenal, no fundo dos arquivos da Bastilha sob o título: *Gazetins de Police*. Cote AB 10155-10170.

É raro que os boletins se exprimam sobre esse gênero de problemas; em compensação, numerosas páginas entre 1733 e 1735 são consagradas a uma opinião flutuante, ora extasiada com a guerra, ora consternada, em todo caso queixando-se de não ser jamais informada e de viver à mercê das gazetas e dos jornalistas à mão, mantida em segredo, esgotando-se em rumores. Por momentos, há inquietação com os recrutamentos, com o dinheiro que isso vai custar e com o número eventual de descontentes, mas isso é raro em comparação com as mil e uma notícias de política de guerra.

> Três de novembro de 1733, alguns dizem que o Rei jamais sofrerá embaraço para reunir tropas, mas que todas as dificuldades consistirão em encontrar dinheiro para fazê-las subsistir, diz-se que se recorrerá aos expedientes mais violentos, os quais poderão aumentar os descontentes. Diz-se mesmo que, nas províncias, serão necessárias tropas para fazer com que os impostos sejam pagos, que não é possível que desde que o reino está em paz o Rei tenha dissipado todos os rendimentos anuais e que seria preciso pedir contas àqueles que os geriram.

Desse mar de "diz-se", nada de verdadeiramente preciso se destaca, sobretudo no que pode concernir aos desgastes, à morte e ao sangue. Por vezes fala-se de fome, de soldados sem pão ou obrigados a roubá-lo, depois enforcados por essa desordem. Esboçam-se algumas "gatunagens" em terras camponesas com tal discrição que podemos imaginar muito bem a realidade.

Em "3 de janeiro de 1735, diz-se que uma grande quantidade de soldados morre em Estrasburgo e em Phélisbourg e que não se encontram cirurgiões que queiram ir lá, porque há muitos mortos". Os boletins de polícia, nesse domínio preciso da guerra, são uma fonte esclarecedora onde se leem por baixo a desordem das informações e das incertezas concernentes à guerra e a generalização de segredos mais ou menos bem guardados sobre as decisões tomadas, as nomeações às responsabilidades mais importantes, a verdade das batalhas e o estado das populações de soldados ou de camponeses sobre as fronteiras.

Em compensação, memórias anônimas, projetos de reforma, relatos de abuso e malversação, notas sobre os hospitais e sobre os aprovisionamentos, relatórios sobre a disciplina dos soldados e a ignorância dos oficiais deixam perceber palmos de realidade de que o historiador se apropria um após outro para reconstituir o que foi a aspereza dos acontecimentos e, sobretudo, sua tão penosa improvisação. Ler a desordem é poder retomar uma a uma as imagens veiculadas ordinariamente da guerra e confrontá-las com a "visibilidade nua daquilo que visa os homens", depois fazer a história desses tempos precisos (aqui a Guerra de Sucessão da Polônia de 1733) em que se cria "a impossível efetuação do comum que afeta os homens" (BAILLY, NANCY, 1991). De fato, podemos descobrir o quanto, a cada vez, o itinerário é aleatório para que a guerra a outrem seja declarada (e vivida como) digna de crédito e compreender também o conjunto de movimentos aberrantes, mesmo que lógicos.

As Luzes e a tolerância

O século XVIII não é um século banal, pois é aquele das Luzes efervescentes, da crítica da injustiça e da intolerância, aquele dos acontecimentos passados pelo crivo da inteligência e da vontade de reforma. Temos então o direito de colocar a questão de sua atitude em face das guerras feitas ao longe.

Precisemos inicialmente que no século XVIII ninguém se interroga, não mais do que no século XVII ou mesmo no XX, sobre a invenção da guerra, sobre uma possível arqueologia de seus numerosos adventos. Ela é e permanece um acontecimento banal, embora exterior. Claro está, e o século XVIII nesse sentido é particularmente ativo, que ela é repensada em suas estratégias, assim como na organização de seus exércitos, através dos tratados e dos manuais de grande sucesso com o público (Guibert, Folard, Saxe). O próprio rei se esforça por retirá-la aos nobres e confiá-la a oficiais magistrados. Seja como for, ela é perdida ou ganha e, de qualquer modo, pertence ao rei e aos príncipes; e a opinião pública, apesar de certos sobressaltos, a deixa existir como se deixa existir uma paisagem familiar sem se perguntar demais se as folhagens estão bagunçadas e se por vezes a morte e o sangue amornado não têm mau cheiro.

O século XVIII é filosófico, reformula os códigos e as normas, refaz a *mise-en-scène* do mundo por meio da razão e do espírito crítico.

Quase todos os assuntos sociais, econômicos, literários são trespassados pelo questionamento irônico e racional do espírito filosófico.

Assim, o que se diz da guerra? É ou não intolerável? A reflexão filosófica se inscreve na esfera de influência dos finos espíritos letrados do século XVIII, tais como Fénelon, La Bruyère, Bayle ou Vauban, que tinham sobre ela julgamentos mais do que severos? Não é simples responder a estas interrogações, pois o século dos filósofos, curiosamente, não possui sobre a guerra uma construção ideológica precisa e homogênea à qual possamos nos referir. Parece, de fato, que o conjunto da reflexão sobre a guerra esteja freado por claros limites: a arte militar deve ser repensada; a guerra dos príncipes é uma calamidade, mas as vitórias reais são vivamente saudadas; a guerra é uma infelicidade ordinária à qual é preciso dar leis; a soldadesca é ímpia, e o soldado um homem vil e comprável; uma nação em armas é uma bela pátria. O material de reflexão é heteróclito, e, se há antimilitarismo, é de decepção; e, se há tolerância, é antes para com este acontecimento guerra, desde que os príncipes não abusem dele.

Mas dir-se-á: e Voltaire? Sim, suas páginas contra a guerra são de uma grande força:

> A peste compreende todas as doenças contagiosas, que são cerca de duas ou três mil. Esses dois presentes [peste e fome] nos vêm da Providência. Mas a guerra, que reúne todos esses dons, nos vem da imaginação de 300 ou 400 pessoas espalhadas sobre a superfície do globo sob o nome de príncipes ou ministros, e é talvez por esta razão que são chamados de imagens vivas da Divindade.
>
> O mais determinado dos bajuladores convirá sem dificuldade que a guerra acarreta sempre a peste e a fome, por pouco que tenha visto os hospitais dos exércitos e que tenha passado por algumas aldeias onde grandes feitos de guerra tenham ocorrido.
> (VOLTAIRE, 1764, artigo "Guerre")

Entretanto, em 1745, Voltaire pôde escrever um magnífico poema exaltando o vencedor da batalha de Fontenoy, acontecimento relatado pelo muito atento Diário de Barbier (1849, p. 450), na data de 6 de maio de 1745.

> No dia 11, os inimigos tendo atacado, houve uma batalha sangrenta. O Círculo do Rei fez maravilhas, e diz-se que determinou a vitória. Perdemos também bravos oficiais [...]. O regimento do rei sofreu bastante, com muitos oficiais mortos.
>
> [...] O senhor Voltaire, que é o grande poeta de nossos dias, fez em dois dias um belíssimo poema da batalha de Fontenoy a partir do simples detalhe que dela teve por cartas.

Os artigos da *Enciclopédia* que tocam de longe ou de perto a guerra são extremamente instrutivos: resumem com força as complexas ambivalências do pensamento esclarecido sobre o problema militar e a guerra e oferecem uma mistura heteróclita de sentimentos, de fantasmas, de raciocínios. À indignação por vezes surgida, sucede a convicção quanto à beleza das coragens ásperas que brilham nos campos de batalha. Muitos lugares-comuns estão escondidos aí, e ficamos quase admirados de não perceber nenhum indício da possibilidade de se desprender de alguns deles. Os sentimentos são cruzados, encavalados, entre a reflexão nova sobre a bela-arte que se racionaliza, o desprezo por aquele que, com suas mãos, com seu corpo, faz a guerra, a convicção de que os oficiais são corrompidos e de que os cercos intermináveis não têm alma. Mas o que é então a alma da guerra? E quem poderia, se não defendê-la, ao menos descrevê-la?

O espírito filosófico é devoto da sublimidade da coragem e dos Antigos, e o cavaleiro jaz em todos os corações sem que seja interrogada uma filosofia esclarecida da cavalaria.

Em realidade, será sob a pena de alguns oficiais, em plena guerra, que serão ditas certas frases terríveis e definitivas sobre o horror dos campos de batalha. "O pavimento de tudo isso é sangue humano, farrapos de carne humana" (d'Argenson, 1745); "vi tantos rostos desfeitos, tantas cabeças desmontadas que não cri dever prosseguir", exclama o marechal de Belle-Isle numa carta a M. de Chevert explicando-lhe de Wesel, que se recusa a levar seu ataque mais adiante. Poderíamos citar ainda Vauvenargues, convencido entretanto da guerra, o marquês de Valfons ou as terríveis cartas escritas durante a Guerra dos Sete Anos pelo conde de Saint-Germain a Pâris Duverney.

Cruzando assim o conjunto das fontes que recobrem as guerras do século XVIII e mantendo, a cada nível de leitura, a posição de leitor da desordem, vemos aparecer um sistema, singular e demarcável, contraditório, em que a intolerância e a tolerância da guerra conseguem construí-la. Vemos também aparecer uma noção da qual o heroísmo se esvaiu e em que nasceu profundamente o desprezo pelo soldado, tudo aquilo que inscreveu no imaginário e no pensamento das elites uma mistura de nostalgia e de necessidade nova de criar guerras diferentes. A guerra é de certa forma tolerável no século XVIII; as reflexões levadas a cabo sobre ela, sejam oficiais (Guibert, Roland, etc.) ou anônimas (memórias, anotações), não são de modo algum reflexões tão elaboradas quanto aquelas que os filósofos produziram no campo político ou econômico.

Assim, entrando no dédalo "mole" dos dispositivos políticos, intelectuais e sociais que permitiram a guerra, pôde-se estabelecer uma historicização desses momentos precisos em que coexistem a decepção em face do ideal guerreiro, a intolerância em face do soldado (homem do povo, no mais das vezes miserável) e que, portanto, permitem a guerra.

A propósito da guerra e de sua história, por que não reinterrogar as convicções preestabelecidas que temos sobre esse acontecimento? Por que não fazer a história dessa convicção ou desse assentimento? Depois, trabalhar na análise arqueológica e genealógica desse modo supremo de conflito, seguindo a iconoclasta recomendação de Michel Foucault quando, em "*Nietzsche, la généalogie, l'histoire*" (1994i, p. 136-156), sugere que os acontecimentos ou as coisas sejam tratados como não sendo tão necessários assim, e negando ao mesmo tempo ao conjunto dos fenômenos um princípio original de que estes decorreriam. E se a guerra, a cada vez, fosse uma "surpresa", como trabalharíamos sobre ela? É certo que nossas grades de leitura seriam modificadas e que o objeto guerra sairia daí diferente e não enviscado num princípio imóvel e fixo de inevitabilidade. Trabalhar atualmente sobre a guerra sem se interrogar sobre a emergência da desordem que fabrica diferentemente a cada vez não é já entrar numa espécie de tolerância a seu respeito? Tolerância ideológica, certamente, mas isso pode evidentemente se compreender; tolerância intelectual, sobretudo, aquela que nos cega sobre a própria natureza da guerra. Um outro olhar permite trabalhar numa relação de não necessidade com ela, o que muda o questionário e faz entrar num campo onde a guerra é um acontecimento como os outros: isto é, cuja aparição e desaparição não são jamais dadas de antemão. Analisando assim *os* fenômenos da guerra, impedimos a noção de invariante da guerra de se sobrepor sub-repticiamente a outros conceitos e conseguimos entrar na intolerância de sua fatalidade em advir.

Num livro de Lionel Richard, *Les artistes et la peinture de guerre*, o autor escrevia com tristeza que era bem preciso arte para dizer a guerra, já que "as apresentações dos historiadores têm tendência a reconciliar". Frase dura se nos detemos sobre ela: quando o historiador analisa os fatos guerreiros na linearidade e na longa monotonia da evidência e das causalidades simples, não diz a guerra, mas a suaviza. Pode-se a justo título pensar que ele "reconcilia" por que tem dificuldade em exprimir aquilo que é a irrupção trágica dos absurdos e inesquecíveis infortúnios. Claro está, ele explica, inventaria, interpreta, portanto modifica o que, nos espíritos, parece de uma fixidez absoluta: a ideia de que a guerra faz inexoravelmente parte da organização das cidades. A guerra, de fato, é uma "loucura", um objeto que se inventa.

Da fala

Se admitimos uma das definições recentemente dadas pelo filósofo Jacques Rancière (1995, p. 47) a propósito dos homens, estes "seres que engajam sobre palavras um destino coletivo",[18] podemos propor algumas questões à relação que a história mantém com as palavras dos homens.

A história cimentada pela fala?

Deixemos inicialmente deslizar evidências, aquelas que interrogaremos mais tarde.

1. Em toda primeira aproximação, poderíamos dizer que a fala e a oralidade estão naturalmente contidas no relato histórico, ele que está encarregado de estabelecer uma temporalidade feita de acontecimentos, de continuidades e de rupturas, tomando a seu cargo os fatos e os dizeres humanos. O relato engole forçosamente as palavras dos homens para dar forma a uma aventura humana que se desdobra através do tempo. O sentido e o conhecimento se dizem então pelo escrito do historiador encarregado de classificar e de isolar os fatos, de devolvê-los a uma eventual coerência que provoca a inteligência do passado para o leitor. Nessa acepção bastante tradicional da história, as palavras só precisam ser reconstituídas para serem colocadas em algumas citações ou anedotas feitas para

---

[18] Agradeço à revista *L'inactuel* das Éditions Calmann-Lévy por ter publicado estas páginas em seu número 4, publicado no outono de 1995, consagrado ao oral.

elucidar, exemplificar, trazer imagens, verdade ou, antes, a impressão do verídico: feitas ainda para ilustrar o relato, aliviar seu peso graças ao surgimento de alguns diálogos ou de algumas "fatias de vida".

2. De maneira muito diferente, poderíamos ainda sustentar que a oralidade é subjacente a tudo o que é escrito em história, quando mais não fosse porque, na origem mesma do mundo, não houve escrita e muitos dos documentos sobre os quais trabalham os historiadores foram estabelecidos pela tradição oral. E, mesmo quando sobreveio o escrito e as falas puderam enfim ser consignadas, pode-se afirmar que a língua histórica sempre teve por dever trazer as palavras à luz.

Da infinita diversidade das palavras, da infinita diversidade dos comportamentos, dos fatos, dos escritos e dos acontecimentos, a história faz ordem. Então as palavras desaparecem para que ao mesmo tempo se afaste a desordem das particularidades, esvaeça o murmúrio ensurdecedor e caótico de tudo o que pode ser dito.

3. Por que não dizer também que é sempre possível deixar a história contar os acontecimentos através de um relato fiável e autorizado sem que seja mesmo necessário fazer alusão às falas? Por diversas razões, todas sensatas: seja porque o historiador tomou por tema objetos de poucas falas, como a história dos sistemas econômicos, aquela da marinha mercante ou do desenvolvimento dos grandes comércios internacionais, etc., o que não necessita forçosamente do recurso explícito à palavra, ou antes engloba esta sem um procedimento específico; seja porque o historiador, voltado para a homogeneização, as sínteses e uma certa ideia do percurso global, é pouco solicitado pela estranheza do caso singular – o estrépito da palavra que, para ele, não faz parte do corpo de seu raciocínio e cuja aparição faria diversão, operaria mesmo um desvio segundo os casos.

4. É preciso dar lugar a outras formas de história, aquela das mentalidades, por exemplo, ou a história social, ou ainda a história sociocultural; elas encontram em seu caminho numerosos documentos que transcrevem ou evocam dizeres. Estes podem ser validamente classificados, ordenados em gêneros, em formas distintas de pensamento e de tomadas de posição, em tipologias (por exemplo, o consenciente, o submisso, o astuto, o transgressivo, etc.), e se

encontrarem, no interior do relato, resumidos de maneira clara e metódica, especificando comportamentos e atitudes que tenham inflectido modos de relação humana, portanto acontecimentos. A história tem condições de se fazer a partir desses dizeres, reagrupando-os e restituindo-os ao leitor, convertidos pela linguagem historiadora, trabalhados e reconduzidos por sua linearidade ao estado de exposições bem construídas. As falas não são passadas sob silêncio, mas passadas sob o revestimento diligente da escritura historiadora.

A história dita rápido demais

Dito isso, sobre tais evidências, é preciso saber voltar, pois eis aqui: a história pode ser dita rápido demais e o homem, emudecido. Felizmente, a atualidade da história (aquela que sobrevém em nossos dias) obriga o historiador a novas interrogações colocadas na urgência. É assim que a disciplina se abre a outros caminhos, métodos e formas de exposição. Ela o faz frequentemente sob a injunção de outras disciplinas, mais que por urgência conjuntural (a história e a urgência não são sempre companheiras). Em todo caso, desde há pouco, o singular, portanto o acontecimento de fala, vem bater à porta do relato histórico.[19]

É claro, nada é totalmente novo nesta matéria, e não se trata de fazer aqui uma história da história que recordaria os momentos precisos de inflexão da disciplina em relação a suas maneiras de dizer o homem, a mulher, o desviante, o marginal, o curso ordinário das coisas e a ruptura do cotidiano. Que me permitam apenas lembrar alguns nomes de filósofos e de historiadores preocupados com a escritura histórica e com o lugar que ela pode dar à gente simples. Coloco-os a granel; sei que se exprimem em níveis diferentes e desenvolvem sistemas de interpretação distintos; pouco importa, a disciplina histórica teve que ouvi-los. Penso em Michel Foucault e em alguns de seus livros ou artigos menos explorados que os outros, tais como "A vida dos homens infames", *Eu, Pierre Rivière...*; *A desordem das famílias*; *Herculine Barbin*, em que falas e palavras, testemunhos

---

[19] Testemunha isso a última obra balanço da disciplina publicada pelas edições Autrement, *Passés recomposés. Champs et chantiers de l'histoire*, sob a direção de Jean Boutier e Dominique Julia, 1995.

singulares, são a substância mesma da reflexão histórica. As palavras e os corpos deslocam o sentido, a oralidade provoca quebras, a dessemelhança singular é posta como primeira e única, objeto de história e sujeito de verdade. Penso também em Michel de Certeau e em sua reflexão sobre a linguagem da possessa (*A escrita da história*; *La Possession de Loudun*). Evoco Paul Ricoeur, em *Tempo e narrativa*, trabalhando sobre narração e história. Dou lugar a Jacques Rancière, em *Os nomes da história*, dizendo aos historiadores que eles precisam dar conta da extravagância e da "perturbação da vida apreendida pela fala".

1. Entremos no coração do assunto apoiando-nos sobre esta escolha – já antiga e que foi minha – de trabalhar sobre os arquivos de polícia do século XVIII para encontrar a fala dos mais despossuídos, daqueles que não sabiam escrever e dos quais encontramos o traço escrito das palavras que proferiram através dos dossiês de polícia (conservados sob forma manuscrita) que contêm processos verbais, investigações, interrogatórios, testemunhos, confrontações, etc. Uma vez ultrapassado o argumento segundo o qual essas falas em arquivos são necessariamente enviesadas, não são o reflexo do real e brincam demais de esconde-esconde com a verdade (o historiador não é tão ingênuo e sabe além do mais distinguir entre o verossímil e a mentira; pode trabalhar em meio a essas figuras retranscritas sem acreditar estar diante de uma realidade passada que teria apenas que recopiar) para serem fiáveis, é preciso compreender que esses traços de oralidade abrem para um deciframento possível das maneiras de pensar, de imaginar, de ver das pessoas do povo, ao mesmo tempo que das formas de sociabilidade e de comportamentos civis e políticos. O observatório social autorizado por essas falas, esses pedaços de respostas anotadas, esses fragmentos de frases subscritas dá uma visão do campo desconhecido das relações cotidianas entre homens e mulheres, pais e filhos, dos papéis desempenhados por uns e outros em todas as circunstâncias, das relações de forças e das tomadas de poder microscópicas mas reais que recobrem o campo do privado, o campo econômico e social. Assim, podemos, a partir dessas falas, reconstruir e dizer os modos de racionalidade e de indecisão que regulam as práticas e as ações, os códigos (submissos, normativos

ou transgressivos) que regem as relações sociais ou as regulam, seja momentaneamente, seja de forma duradoura.

2. Eles falam, contam, respondem, omitem, dissimulam, mentem, dizem a verdade, mas, sobretudo, eles não se definem porque estão simplesmente no mundo, e sim porque estão entre eles e vivem em face dos outros, com eles, em face do poder e "num universo de representações não indiferente às situações em que aquelas se vêm ativadas" (LEPETIT, 1995). Suas falas dizem o entre-dois, o viver-com ou contra e ainda o viver-sem; suas falas dizem, ou ao menos sugerem, que não se pode evitar refletir sobre o que pode ser o acordo entre súditos do rei ou a discórdia (LEPETIT, 1995). Assim, estamos, graças às palavras pronunciadas e encontradas pelo historiador, num mundo onde se pode examinar o modo como as pessoas se entendem ou não sobre assuntos e acontecimentos, e a maneira como laços se fazem e se desfazem de acordo com processos mais inesperados do que uma "história sem palavras" nos deixaria crer. O surgimento do vestígio oral nos documentos históricos provoca muitas vezes surpresa e desordem no espírito do historiador, pois a ordem das palavras não está forçosamente do lado da linearidade e da estrutura lisa. Alguma coisa se desloca do lado da defasagem, da ruptura, que obriga a complexificar o relato histórico ou a lhe devolver certa aspereza, visível e interpretável. Nessa primeira fase, em que a linguagem das palavras encontradas oferece ao historiador uma desmultiplicação de sentidos que não esperava, há uma primeira tarefa que consiste em declinar a uma só vez o plural dos itinerários singulares e o singular das semelhanças. Isso para introduzir dessemelhança, aquela que traz com convicção à semelhança sua parte desconhecida, não obstante interpretável. As falas, por momentos, cometem raptos: o que dizem de inaudito, de insólito, de tão particular e estranho desfigura a unidade das semelhanças e arranha, desfigurando-o, o rosto liso da construção histórica. Pode-se então afirmar que a irrupção da fala nas fontes historiadoras é uma sorte, já que traz, por sua estraneidade intrínseca, novas interrogações, não apenas à interpretação dos acontecimentos históricos mas à própria fatura do relato.

3. Tomar as falas como emergências novas, como acontecimentos (FARGE, 1989), faz certamente o historiador correr um

risco: aquele de ser afogado sob as singularidades, de atomizar seu discurso e de sucumbir aos encantos atuais do individualismo e das individualidades, justificando-se hipocritamente pela "perda das referências" e pela "queda das ideologias", duas explicações que se tornaram sacrossantas e sequer revisitadas. Se escolhemos levar adiante um projeto rigoroso, evidentemente não se trata disso. O encontro com os seres falantes no coração dos arquivos de polícia suscita de fato alteração. Alteração, nos dois sentidos do termo[20]: sedento de sentido; transformado por outrem. E essas duas operações conduzem a novas pesquisas, a novas posturas: trata-se então, na organização mesmo lacunar dessas falas em face do poder, de ler os deslocamentos que cada um tenta inventar para si mesmo e para aqueles que o cercam. Acontece por vezes que outra maneira de organizar o mundo aí se ensaie; a partir de então é preciso dizê-la, interpretá-la – não para provar o que já se sabe sobre as classes pobres ou populares, mas para mostrar, com apoio da prova, como essas mesmas classes populares traçam algo de outro, de alhures, de diferente, de improvável (tornado provável, já que existente). Estas asperezas singulares só ganham sentido se o historiador toma o cuidado de articulá-las incessantemente aos grupos sociais e aos acontecimentos coletivos de que são dependentes sob múltiplas formas (submissão, afastamento, revolta, resistência, consentimento, efusão, repulsa). Encontramo-nos, então, longe do perigo já citado, de que o historiador acumule singularidades para construir um relato esmigalhado, incapaz de sentido e, portanto, de verdadeiro conceito de alteridade.

É claro, nessas condições, em que o discurso do historiador se vê alterado pela fala de outrem – pelo brilho vivo da palavra pronunciada, pela enunciação da diferença –, que alguma coisa do lado da homogeneidade, da linearidade ou da continuidade se perde. A partir de então, pode-se perguntar por que privilegiar o desvio, o excesso, o descontínuo em lugar de trabalhar sobre a área tranquila das causalidades identificáveis e dos processos que se

---

[20] Embora raramente, *"altération"* pode significar, em francês, "sede insaciável geralmente causada pela febre". Em português, há vestígio deste significado no verbo "desalterar", "saciar a sede". (N.T.).

encadeiam uns aos outros. Simplesmente, podemos responder, por termos aprendido, com Michel Foucault e com a observação do tempo presente, isto:

> O mundo, tal como o conhecemos, não é esta figura, simples em suma, em que todos os acontecimentos se apagaram para que se acusem pouco a pouco traços essenciais, o sentido final, o valor primeiro e derradeiro. É, ao contrário, uma miríade de acontecimentos encavalados [...]. Acreditamos que nosso presente se apóia sobre intenções profundas, necessidades estáveis, pedimos aos historiadores para nos convencerem disso. Mas o verdadeiro sentido histórico reconhece que vivemos sem referências nem coordenadas originárias [...].
>
> [...] Então a história é o conhecimento diferencial das energias e dos desfalecimentos, das alturas e dos desabamentos (FOUCAULT, 1994i, p. 148).

As energias e os desfalecimentos, as alturas e os desabamentos leem-se frequentemente nas falas, no ruído surdo por baixo da história, nos propósitos minúsculos, no que quer se dizer e por vezes desmorona antes de ser formulado, no "menos" da história. Assim, quando aparece uma enunciação, é preciso tentar estudá-la no pouco de sua instância, de sua irrupção, e não forçosamente a cada vez através de um encadeamento causal que a religaria eventualmente ao que a precedeu. A fala, em lugar de ilustrar o discurso da história com um exemplo, vem lhe causar problema, exigindo dela outro relato dos fatos e dos acontecimentos, capaz de integrar o descontínuo e o desfigurador. Partir das palavras daquele que fala (quando as fontes o permitem) é ao mesmo tempo interrogar de outro modo aqueles que estão em relação hostil ou familiar com ele, pois o ser falante "decorre" tanto de seus próximos ou de sua família quanto os interroga, "decorre" tanto das formas de poder que o cercam quanto as provoca ou se submete a elas, inflectindo-as por sua vez.

4. Se é preciso sempre submeter a emergência das palavras singulares a um coletivo que convém definir a cada vez, é mesmo possível trabalhar sobre a maneira como cada época gere essa articulação (a história da articulação entre os seres singulares e lugares ou acontecimentos coletivos ainda está por fazer; ela traria um grande aporte

pois é sem dúvida uma das chaves de nosso devir). Além do mais, e é outra questão, é necessário refletir sobre o modo como o escrito historiador pode, de várias maneiras, desfazer ou apagar a fala. O relato, porque relato, dissimula – e isso é normal –, mas deve saber como dissimula e como arrisca exorcizar demais a oralidade. Pode, por exemplo, exorcizar a fala, reenviando-a sistematicamente a lugares de atribuição demasiado simples que acabam por torná-la muda. É, entre outras coisas, o que explica Jacques Rancière, em *Os nomes da história*, a propósito do historiador em face da heresia: entretanto, a resposta do historiador é seguir o declive da familiaridade que reconduz todo excesso de fala a seu lugar natural, ao lugar que dá corpo a sua voz. "O que ele não quer conhecer, é a heresia: a vida desviada do verbo, vida desviada pelo verbo" (RANCIÈRE, 1993a, p. 149).

Mas há outra maneira de passar a borracha sobre a fala singular: é tornando-a tão exterior, tão espantosa, tão áspera que se torna objeto de fascinação e lugar de estetização abusiva. A fala do outro tampouco deve ser considerada como aquela do selvagem, do primitivo, do indígena exótico, e o historiador tem o dever de trabalhar numa grande tensão: saber que a fala é separação, saber, ao mesmo tempo, que essa separação não deve forçosamente ser entendida, olhada nem interpretada como se olha ou visita uma terra desconhecida e selvagem, tornada cativa pelo relato emocional e estético que se pode fazer dela. Quando se trata dos pobres, e da reflexão sobre sua condição, este risco é grande: o exotismo dado às palavras de pessoas pobres, o jorro de inocência que delas surge no mais das vezes podem conduzir a desfalecimentos de sentido e a uma verdadeira inferiorização daqueles mesmos que estudamos e de que fazemos a história. É preciso manter essa tensão extrema para fazer da fala aquela de uma alteridade a um só tempo separada *e* igual, desconcertante *e* familiar, fruto do singular *e* buscando de qualquer modo a fronteira com o conjunto organizado pelos outros seres falantes. Visível, afastada, entregue a si própria e a outrem, a fala é um êxodo de que o historiador deve traçar a viagem, um inacabamento que vai de lugar em lugar.

5. "Eu" é um lugar histórico a visitar: nele, há o campo do engodo e do desfeito, figuras do esquartejamento e do desatino que informam aquelas do raciocínio. "Eu" só se declina em

filiação com lugares conhecidos ou comuns, ou em exterioridade em relação a eles. "Eu" caminha numa paisagem de fronteiras vacilantes que o historiador pode demarcar. A escritura deve então criar lugares próprios para fazer o relato desses deserdamentos e desses inacabamentos sem construir automaticamente sistemas de filiação genealógica ou de lugares apropriados como a pátria, a nação, o meio, todas noções prontas para usar, prontas para pensar sem distinção todas as falas do mundo. "Eu" se conduz de outro modo e informa o relato escapando frequentemente de unidades homogêneas demasiado bem criadas para ele, tais como o século, o país e a classe. "Eu" desclassifica. É sem dúvida a coexistência entre os lugares conjuntos da classificação e da desclassificação do raciocínio e do desatino que é uma história nela mesma. A fazer, a escrever.

6. É preciso terminar. Por uma questão que volta com frequência e que talvez seja mesmo subjacente a toda reflexão sobre a oralidade: a ficção literária não é de grande ajuda para uma história mais acostumada a ser sem falas do que com falas? O jogo da língua e da expressão poética ou romanesca não é aquele que melhor convém para ajudar uma história a se dizer completamente? As palavras do escritor não estão mais aptas a dizer o que se disse, e a respeitar os desvios da interioridade humana? Tomemos o Marquês de Sade (citado por Michel de Certeau em *A escrita da história*) distinguindo duas maneiras de conhecer o homem, a história e o romance: "O buril de uma só o pinta quando ele se faz ver, e então não é mais ele; [...] o pincel do romance, ao contrário, capta-o em seu interior" (MARQUIS DE SADE, 1966, t. IX, p. 16).

Pensemos ainda na história presente e naquela, bastante recente, das guerras e do genocídio: Primo Levi, Robert Antelme, Jorge Semprun não disseram, não dizem melhor o horror e a subjetividade que qualquer livro de história? Quanto às testemunhas e às vítimas do genocídio, elas não interpelaram frequentemente os historiadores, cansadas de não ler em seus relatos as marcas indeléveis de seu sofrimento? A ficção, o relato oral, o testemunho não são os lugares privilegiados onde a dor, por um lado, e o relato do mal, por outro, podem ser desnudados em sua crueldade sem partilha? Quem pode – deve – dizer o atroz? A história está fadada a reduzi-lo, e o testemunho e a ficção a captá-lo sem partilha?

A essas questões, todas imensas, é preciso responder. Uma coisa é certa: a literatura e a história não estão em competição em face desses problemas. São dois gêneros narrativos que não se confundem, não se anulam e têm, claro está, necessidade um do outro. Nenhum dos dois deve engolir o outro. Nenhum tem preeminência em relação ao outro. Inútil insistir sobre a necessidade da literatura, evidente e sem desvio. Da história, é preciso dizer o quanto seu relato é indispensável, pois nenhuma sociedade pode prescindir de seu estatuto de veridicidade e dos protocolos de pesquisa que asseguram sua coerência, sua fiabilidade, sua ética. Mesmo reformulada, revisitada incessantemente porque reinterrogada pelo presente, a história é, a cada época, o relato ponderado dos acontecimentos, aquele que evita sua falsificação e a vergonha das derrapagens flagrantes ou das denegações mortíferas.

Uma vez dito isso – e sobre o que todo mundo pode estar de acordo – resta pensar, apesar de tudo, a questão do lugar da oralidade, da fala e do "eu" no relato ponderado. É evidente que a história deve se prevalecer contra todo reducionismo, e isso não é simples. É aliás um problema que se coloca a outras disciplinas, à sociologia por exemplo. Recentemente, Pierre Bourdieu e uma parte de sua equipe trouxeram uma resposta curiosa em *A miséria do mundo* (1993): a fatura mesma desta obra, feita de entrevistas controladas por um questionário extremamente rigoroso, leva em conta a fala de outrem como suporte essencial de uma demonstração espantosa sobre a expressão da dor e do sofrimento, enunciada em muitos níveis.

Bem recentemente, Jean-François Laé e Numa Murard, também sociólogos, escolhem outro procedimento para responder à difícil questão da consideração do dizível/indizível que aparece ao final das investigações sociológicas. Laé publica inicialmente na revista *Esprit* (LAÉ, MURARD, 1988, p. 66-75) uma novela, tendo por suporte aquilo que não pôde lhe servir na análise ponderada de seu trabalho sociológico. Precedeu-a de um texto que explica sua escolha e seu procedimento: em face do que chama os "dejetos" ou "refugos" de toda investigação sociológica, ou seja, as falas e os relatos de outrem que não puderam entrar em suas grades de leitura nem se integrar ao ordenamento de seu trabalho, decide não perdê-las, publicando-as sob forma de ficção literária e de novelas. Mais tarde, com Numa Murard, escreve um livro, *Les récits du malheur* (1995), unicamente composto de novelas literárias. O prefácio precisa a intenção deles. Assim, escreveram dois livros: uma obra de sociologia com suas investigações, um livro de novelas com os refugos de suas investigações. A escolha é forte: trata-se de outra forma de acesso ao real, dizem eles, um real mais denso. Com efeito, para eles, o relato pode "mais facilmente se acomodar às incoerências, hiâncias, incompreensões que surgem na própria investigação. O horizonte da literatura está em melhores condições de levar em conta a heterogeneidade das singularidades – aqui sofredoras" (LAÉ; MURARD, 1995, "Prefácio").

Na revista *Esprit*, Jean-François Laé escreve:

> Escolhendo o modo de exposição da novela, quero pôr à vista materiais de observação num lugar de vacância da sociologia, aquele das emoções e do sentimento, habitualmente relegados à psicanálise, à ilusão do senso comum ou à apologia do cotidiano. Creio que a força da novela é de desenhar múltiplos universos de sentido, lá onde toda emoção sai de nós, ampliar um meio.

A confissão é forte: não há lugar para emoções, sentimentos, falas de sideração na enunciação sociológica. O sociólogo, para não calá-los, se serve da literatura.

De minha parte, como historiadora, recuso que qualquer vacância da história me obrigue a escolher a literatura para que sejam ditas as falas de uns e de outros. Talvez por causa desta frase de Michel Foucault (1994d, p. 237-253) a propósito de textos colocados nos arquivos do século XVIII, vindos de testemunhas pobres: "Confesso que esses textos que surgem subitamente através de dois séculos e meio de silêncio sacudiram em mim mais fibras do que aquilo que se chama normalmente literatura". Sobretudo, porque tenho a convicção de que a história tem o dever de ser afetada – como foi dito mais acima – pelas hiâncias e pelas extravagâncias de outrem, sem soçobrar no esmigalhamento das anedotas; que ela pode dar sentido às efrações do cotidiano construindo a historicidade de seu laço com os sentimentos coletivos. Se o historiador é "poeta do detalhe", como escreve Michel de Certeau, sua escritura deve se obstinar em religar os seres e as palavras, em reconhecer "a inscrição simbólica na cidade [...] de seres falantes, dotados de uma fala que não exprime simplesmente a necessidade, o sofrimento e o furor, mas manifesta a inteligência" (RANCIÈRE, 1995, p. 45, 47), seres que formam comunidade. A história e o político obtêm-se a este preço: a escritura histórica da fala não é um desafio lançado à literatura, é um meio para designar diferenças, estabelecer redes de conhecimento, fazer de tal forma que os afastamentos entre as margens, as zonas silenciosas e outras mais sombrias sejam religados entre si, nomeando os acontecimentos e as cesuras, o encavalamento das origens. Quando o cineasta armênio Pelechian filma multidões, alguma coisa de uma identidade comum se desenha através dos movimentos de multidão em que a câmera mostra atos singulares transmitindo-se uns aos outros, compondo uma vertiginosa espiral onde em seguida vai se ler (se ver) o "rosto" de um grupo de homens e de mulheres num momento particular de sua história. A câmera diz o movimento de conjunto sem jamais ter esquecido de mostrar o que particularmente religa um ao outro, divide um e outro, eles próprios tornados tão visíveis.[21]

A história não é cinema, mas pouco importa. Por sua escritura, deve não fazer o relato das singularidades, mas "cravar" a fala no coração de seu discurso, partir de sua raridade e de sua existência para trabalhar sobre os limites e dar *lugar* aos "restos", respeitando tanto o fora de lugar de que saíram quanto a inquietante tenacidade com que brocam a norma. A história, neste sentido, designa o presente.

---

[21] Retrospectiva Pelechian, Museu do Jeu de Paume, abril de 1992: *Habitants. Noms. Saisons. Guerre.*

Do acontecimento

*Captar a irregular existência que
vem à luz no que se faz, se diz.*
Michel Foucault

O acontecimento que sobrevém é um momento, um fragmento de realidade percebida que não tem nenhuma outra unidade além do nome que se lhe dá. Sua chegada no tempo é imediatamente partilhada por aqueles que o recebem, o veem, ouvem falar dele, o anunciam e depois o guardam na memória. Fabricante e fabricado, o acontecimento é inicialmente um pedaço de tempo e de ação posto em pedaços, em partilha como em discussão: é através dos farrapos de sua existência que o historiador trabalha se quiser dar conta dele. Em face do acontecimento encontrado, ou relatado, está diante de uma ausência de ordem. Com efeito, sua estrutura, percebida através dos textos, dos testemunhos ou das imagens, é já em si uma colocação em relação. Não é um dado nem um clichê fotográfico; sua maneira de sobrevir, de ser transmitida, oferecida e depois falada e projetada no porvir faz parte de sua existência e dissemina à sua volta uma infinidade de sentidos, pouco fáceis de demarcar.

Assim, o acontecimento seria já da ordem da desordem, do arrebentamento das percepções e do sentido: o historiador se acha desde então não em face do homogêneo, mas do heterogêneo.

Trabalhando a partir de documentos de arquivos de polícia do século XVIII, perceber um acontecimento é na verdade a coisa mais ordinária do mundo – a própria fonte libera acontecimentos de maneira pletórica, uma vez que, de manuscrito em manuscrito, passamos realmente de acontecimento a acontecimento. Isso numa amável embrulhada em que se encontram lado a lado o que chamamos classicamente de grandes acontecimentos, como as revoltas, as penúrias, os grandes crimes, os acidentes, etc., que organizam em seguida o curso da história, tal como é decidido pelos manuais, e uma multidão de fatos sarapintados, distintos, todos significantes mas frequentemente insignificantes, o que acaba por desenhar um jogo de sombras e de luzes sobre o qual refletir. Seria o "grão dos dias" (Michel Foucault), aquele que se espalha generosamente através dos documentos judiciários, maná opaco e atraente.

Mais intrigante ainda, mais difícil de manejar, é também oferecido à leitura historiadora o conjunto dos interrogatórios e dos testemunhos. Aqui, as falas, os pedaços de afirmação, de denegação, os comentários organizam o acontecimento: conduzidos pelo aparelho de polícia, excedem frequentemente a ordem indicada, transbordam o senso comum, extraviam as evidências e introduzem no curso da história uma multiplicidade de aparições do singular.

Assim, há os fatos, pequenos e grandes, e o barulho que fazem, o barulho por baixo da história, aquele das línguas-sujeitos que nomeiam e contam, "o murmúrio obstinado de uma linguagem que falaria sozinha" mesmo se endereçando a outrem. Essa fala, esses discursos formam momentos precisos; podemos considerá-los como acontecimentos na medida em que sua enunciação se inscreve em modos de pertencimento e de relações singulares a cada um, e em afirmações que excluem outras e traçam caminhos particulares. Essas palavras ditas em história, demasiado raras, formam um lugar preciso; com frequência criam uma falha, aquela que separa as palavras do discurso, acionando o político daquelas de todos os dias que exprimem antes a singularidade de ser ou de sofrer. Enquanto essa falha, em vez de ser integrada ao relato de história, não for compreendida como algo que inflecte as formas retóricas e conceituais, não haverá história em que valha se fiar.

O fato e a fala sobre o fato são dois materiais diferentes que exigem que reflitamos sobre sua inclusão no relato.

Desfazer evidências

Por seu ofício e pelas grades de leitura que impõe à sua documentação, o historiador fixa a regra e o tempo, as periodizações feitas, diz ele, de tempos fracos e tempos fortes, de momentos de latência e depois de crise. Estabelece uma cronologia que induz por si própria princípios de causalidade e de consequência. A longa linha de horizonte da história é uma longa linhagem de acontecimentos que se sucedem uns aos outros, em níveis diferentes, por certo, mas sempre percebidos, seja pela ruptura que impõem ao tempo, seja pela evidência de sua presença, aquela que está em continuidade com o que se passou antes. Acontecimentos que se leem numa temporalidade quebrada ou contínua, que os encaixa e os explica.

O historiador ama o acontecimento: seu gosto por ele é proporcional a sua inquietude com o "silêncio das fontes"; em geral, procura (portanto encontra) aquele que é saliente e se torna significante a partir de suas próprias hipóteses de trabalho. Desde então o acontecimento – ou os acontecimentos – mantém o fio do relato, são asperezas tangíveis que fornecem provas, em torno das quais o historiador estabelece sentido, uma cronologia, adventos. É porque o historiador festeja o acontecimento desentocado do arquivo que ele constrói seu relato a seu redor, inclui-o em seu procedimento como aquilo que traz a justificação do que quer demonstrar. O acontecimento encontrado desempenha frequentemente o papel de uma força suplementar de legitimação a seu discurso. Lá jaz o paradoxo perverso de sua presença no discurso histórico: indo de acontecimento justificador em acontecimento justificador como se avança no ludo, o historiador corre o risco por vezes de esquecer que o acontecimento, extraído das fontes, é antes de mais nada o objeto de uma seleção que serve a uma tese discursiva e demonstrativa mais ampla; é desta forma que se homogeneíza ao contato do relato. Absorvido pelo "cozimento da história" (Michel Foucault), o acontecimento toma desde então um lugar evidente e "regular" num discurso que pode dificilmente recolocar em questão as modalidades de sua escolha e oblitera que, ao selecionar tal acontecimento, deixou outros de lado. Assim, pode-se construir de "fonte segura" uma espécie de amnésia.

Repertoriados, declinados, os acontecimentos formam uma cronologia; no melhor dos casos, desenham motivos habilmente dispostos numa temporalidade atenta aos desvios. Muitas vezes, são conjugados a partir de casais de noções: ruptura-continuidade; progressão-regressão; arcaísmo-modernidade; evidência-contradição; redes de significação, exceção, aqueles mesmos que são raramente recolocados em questão. Nessa maneira de "fixar" os acontecimentos, que tem evidentemente suas regras, e suas honestas razões, o historiador tem um papel particular: com efeito, se isola o acontecimento e lhe dá um estatuto e um lugar notáveis, corre o risco de o diluir simultaneamente numa série de outros fatos e de o absorver gulosamente no discurso histórico. É instrutivo examinar de perto esse fenômeno, banal no fim das contas, esse gesto evidente da profissão que consiste em isolar um fato para demonstrar e provar em seguida que ele não é nada sem os outros e faz evidentemente parte de um grande conjunto de outros mecanismos e acontecimentos. Isolar o acontecimento, certamente, mas isso tão frequentemente para imergi-lo a seguir "no inferno da consecução", segundo a expressão lúcida de Pierre Retat (1995, p. 15).[22] Assim, o acontecimento só se veria por vezes nomeado por ser redutível a outros do mesmo gênero ou representativo de toda uma série mais ou menos semelhante; assim descrito, posto na frente, alteado não por sua eventual singularidade, mas para ser assimilado a outros, compreendido entre outros, enviscado em séries compactas e semelhantes, o acontecimento corre o risco de perder sua autonomia e seu lugar único, sua singularidade. Ocorre que o acontecimento só se torne perceptível através das formas ditas anedóticas de sua aparição e desaparição.

Existem formas mais elaboradas de análise do acontecimento em que este pode se tornar observatório do social, ou seja, o meio de compreender o conjunto das relações que irrigam um grupo social, uma cidadezinha, um bairro ou mesmo um Estado. A micro-história, de tradição italiana, estabeleceu esse campo disciplinar com brilho. Teorizando sobre essa maneira de escrever a história, no

---

[22] Uma primeira formulação deste capítulo foi objeto de uma comunicação nas jornadas consagradas a "L'histoire au risque de Michel Foucault", no Beaubourg nos dias 17 e 18 de outubro de 1995.

prefácio do livro de Giovanni Levi, *Le Pouvoir au village, histoire d'un exorciste dans le Pièmont du XVIIe siècle*,[23] Jacques Revel (LEVI, 1989, p. I-XXXIII) escreve: "A escolha do individual (do microacontecimento) não é pensada como contraditória com aquela do social: ela torna possível uma aproximação diferente deste, sobretudo, deve permitir apreender, no fio de um destino particular – aquele do homem, de uma comunidade, de uma obra –, a meada complexa das relações, a multiplicidade dos espaços e dos tempos nos quais *se inscreve*". Essa visão tem a vantagem de deslocar o questionário, de renovar as escolhas do possível. Ao mesmo tempo, de acordo com a palavra empregada por Jacques Revel, ela "inscreve" o singular na multiplicidade dos espaços, na complexidade do social.

Essa inscrição coloca, no entanto, um problema. De que inscrição se trata? Se se inscrever quer dizer fundir-se, impossível não ver que o microacontecimento tem sua própria maneira de entrar em companhia ou não com o conjunto dos fatos que o cercam. A própria "inscrição" é objeto de história, pois, se há fatos que se inscrevem por evidência, outros o fazem por dedução, ou rompendo com o passado, ou ainda entrando de forma transversal e anômica com os outros acontecimentos. Que haja "inscrição" não resolve todos os problemas de interpretação; isso exige que não se a tome por adquirida, mas como uma questão, e que nos perguntemos a cada vez qual é a autonomia possível do "microacontecimento estudado", que fragmento do real veio declinar ou completar ao sobrevir, a que "sucessão de acasos" se refere. Qual é, portanto, o jogo de sua instância e o que vem excluir de entrada, quando surge, que não terá lugar e talvez, sem isso, poderia ter tido lugar? O lugar, a maneira, as condições da inscrição de um acontecimento no tecido social formam sua irredutível singularidade, aquela que faz de sua aparição não uma evidência mas uma interrogação, aquela que constrói seu desvio definitivo em relação a outro e que por essa razão deve ser analisada enquanto tal. Podemos então retomar uma das frases de Michel Foucault para caracterizar esse questionamento: qual é essa irregular existência que vem à luz no que se diz, no que sobrevém?

---

[23] O prefácio de Jacques Revel consta da tradução brasileira sob o título "A história ao rés-do-chão". (N.T.).

Sim, a existência de um ser, de um acontecimento, de uma obra ou de uma palavra tem por estatuto ser irregular. Cabe ao historiador tentar apreender seu curso, aceitando desregular seus raciocínios, deixar a própria irregularidade criar um campo de análise e de apreciação. Isso pela tensão explícita de seu relato, único capaz de restituir o acidental e a ruptura, de fazer perceber que o conflito, o disparate, eventualmente o erro, a incerteza e o desregrado organizam toda origem do acontecimento, de sua colocação em memória e, mais ainda, de sua leitura e de sua enunciação futuras.

A palavra, o testemunho, a memória

"Mas e a palavra?", escreve Michel Foucault (1994e, p. 424). "Quero dizer o tênue acontecimento que se produziu num ponto do tempo e em nenhum outro."

Essa frase acompanha meu questionamento. A prática dos arquivos judiciários, aquela dos documentos, depois a reflexão teórica do filósofo sobre a ordem e as funções do discurso, mescladas a uma reflexão entabulada com certos historiadores do tempo presente sobre o testemunho e a memória, levam-me a colocar agora isto: a fala irrisória, quase inaudível, apoucada (mas o que é uma grande fala?), a resposta formulada, o relato empreendido são para mim outros tantos acontecimentos. Como as batalhas, como os motins, como os tratados diplomáticos. "Como" e de outro modo, bem entendido. O primeiro prefácio à *História da loucura*, "A vida dos homens infames", *Eu, Pierre Rivière...*, *Le désordre des familles* são alguns dos meios de pensar essa fala surpreendida e surpreendente. O historiador, por vezes, tomou o tempo de não forçosamente escutar essa questão do filósofo, como não escutava talvez a súplica das palavras de outrora. Entretanto, existia já a obra de Michel de Certeau, contemporâneo de Foucault, compreendendo entre outras *La fable mystique* e *A escrita da história*. Foi de novo um filósofo, Jacques Rancière, que tentou, em 1992, questionar a disciplina histórica. *Les mots de l'histoire* (renomeado numa segunda edição *Les noms de l'histoire*) trabalha sobre a maneira como a história justamente "inscreve" e integra sem rigor suficiente as falas, a extravagância dos seres falantes, num relato homogêneo que se dá por evidente e não restitui nenhuma aspereza, nenhum fora de lugar ou não lugar nos quais essas falas puderam ser ditas. O livro é forte: "A era da história foi aquela em que os historiadores inventaram um dispositivo conceitual e narrativo próprio para neutralizar o excesso de fala" (Rancière, 1993a, p. 88); corre o risco de ser pouco entendido. É evidentemente mais fácil descrever, inscrever, que desfazer, desterritorializar, deslocar, devolver a fala a sua inaudita e inclassificável eventuralidade.

No entanto, deslocar não é tornar incompreensível nem desconstruir o relato. É possível modificar o curso do pensamento histórico para introduzir aquele, ordinário, das falas e dos acontecimentos. A partir da hipótese de trabalho segundo a qual a fala é um acontecimento, a atenção se desloca para dar estatuto de veridicidade a essas falas, e não para fazê-las figurar como simples anedotas que refrescam o conjunto da narração histórica. A fala citada ou colocada entre aspas – bem sabemos – é tantas vezes aquela que colore o relato sem sequer o inflectir... Trata-se de outra coisa se somos, como afirma ser Michel Foucault, "obsedado[s] pela existência dos discursos, pelo fato de que as falas tiveram lugar; os acontecimentos funcionaram em relação a sua situação original, deixaram traços atrás deles, subsistem e exercem, nessa mesma subsistência no interior da história, certo número de funções manifestas ou secretas" (Foucault, 1994l, p. 595).

"Falas tiveram lugar": elas produzem acontecimento e fazem surgir novas situações observáveis. Tratando-as no jogo de sua instância, no momento de sua vinda, aceita-se em primeiro lugar lidar com uma população de acontecimentos dispersos. A heterogeneidade vira norma, em seguida se adivinham formas de pensamento, alteridades ou contradições que reforçam o real com seus desvios e disjunções. Assim, pode-se escolher, em certos casos, fazer desse disparate, ou mesmo da diferenciação radical, o próprio campo de certa história, apta a encarar os desafios que lhe propõe a aparente excepcionalidade. Há historiadores confrontados com a fala da testemunha: são aqueles do tempo presente. Em face deles e da coerência do discurso histórico que querem construir, colocam-se as testemunhas do passado, ainda vivas, muitas vezes vibrantes de lembranças e de questões sem resposta. O testemunho e a objetividade da história parecem então se contradizer, enquanto se corre o risco de que um conflito se estabeleça, por vezes doloroso, entre memória e história. A memória, bem o sabemos, é um teatro pessoal e se fabrica através de reconstituições íntimas ou míticas que podem embaraçar o historiador.[24] Com efeito (e o debate neste momento é atual) a memória não é a história; sua irrupção é frequentemente julgada embaraçante pelos profissionais de uma história que deve dar o relato coerente, ordenado e verídico do que se passou. A testemunha, clamando sua fala, parece submergir o historiador por um derramamento demasiado vivo de seus sentimentos, por uma memória demasiado sensível, demasiado dolorosa ou mesmo deformada, que distrai ou extravia a fabricação do discurso histórico. Pode-se muito bem compreender isso; basta, aliás, pensar na história da Segunda Guerra mundial, naquela de Vichy ou ainda na do genocídio. As testemunhas têm evidentemente sua própria história a revelar, querem fazê-la ouvir e pode acontecer a partir de então que o historiador entre em discussão com a subjetividade daqueles que viveram os fatos, se inquiete com essa fala julgada demasiado desbordante para deslizar ao fio de um relato ordenado.

Mas, se o conflito entre testemunha e relato, entre memória e história é por vezes tão violento, não podemos pensar que isso se deve também ao fato de que a história nem sempre é capaz de trabalhar a fala de outrem? Ou, ao menos, ao encontrar a fala, não tomou como postulado principal territorializá-la, aplaná-la, fazê-la entrar "normalmente" no campo das análises certificadas, portanto das certezas? A fala em história serve facilmente demais ao relato como simples anedota, distração do discurso, e não é frequente que intervenha como lugar principal de onde brota a interrogação historiadora.

Recentemente, numa obra coletiva sobre a Resistência, Jean-Pierre Vernant (historiador da Antiguidade e ele próprio resistente) escrevia: "Quando uma testemunha [da Resistência] diz ao histo-

---

[24] Ver, sob a direção de Jean-Marie Guillon e Pierre Laborie, *Mémoire et histoire: la résistance* (1995), assim como Henry Rousso (1995, p. 92-98).

riador: 'A gente não se encontra no seu discurso', diz na verdade: 'Mas então, e a carne humana?'" (VERNANT, 1995, p. 344). O que o historiador faz da carne humana, com efeito, aquela que deseja, ama, sofre ou contradiz a linha reta das análises claras? Essa questão, tão crucial para os historiadores do tempo presente, coloca-se de fato da mesma maneira para todos os historiadores. A fala "coloca a história fora de verdade" (RANCIÈRE, 1993a, p. 125), mas como escrever esta história? Surpreender as palavras no estado nativo de sua elaboração, vê-las surgir em defasagem com o horizonte de fala tradicional e fazer desses acontecimentos interrogações e apostas para o relato histórico não é coisa simples e poderia, para certas épocas, dar outra dimensão à disciplina. As testemunhas, mortas ou vivas, aquelas encontradas em arquivos ou que se exprimem em voz alta, são bem evidentemente, por essência, aquelas que falam demais, ou equivocadamente, de outro lugar: cabe a nós, historiadores, tratar o excesso, a disfunção, reelaborar os sentidos e "pensar" o peso das palavras e sua estranha maneira de estar entre diversos lugares ao mesmo tempo.

Pode-se colocar de forma clara e essencial o problema da fala ou da testemunha, numa época em que o testemunho, o relato pessoal são justamente as vedetes absolutas das mídias. Imprensa escrita, televisão disputam as "melhores" testemunhas, aquelas cuja palavra supostamente inscreve no coração do leitor ou do espectador um traço indelével. Essa exibição pletórica do singular é sem dúvida alguma proporcional ao sentimento de falta que se tem diante da frieza das análises, sejam elas políticas, jornalísticas, sociológicas ou mesmo históricas. E o que fará o historiador dentro de cinco ou dez anos, quando tiver que se engajar em trabalhar sobre o período contemporâneo e os arquivos lhe derem a ler ou a ver tantos sem-teto, tantos *Beurs*[25] descontentes nas periferias, tantos jovens desorientados, tantos grevistas e desempregados? Que relato ele elaborará sobre esse mar de testemunhos mais ou menos bem escolhidos, mais ou menos singulares, mais ou menos representativos ou exóticos? Já lhe será preciso interrogar a amplidão dos fenômenos sociais e políticos

---

[25] Gíria (*verlan*) para designar jovens franceses de ascendência magrebina. (N.T.).

que incitaram a recolher esses testemunhos, que os desentocaram, formataram e publicaram.[26] Lá jaz solto todo um pedaço do real a explorar. Mas em seguida se coloca a questão: se no fim do século XX acreditou-se bom produzir tantas testemunhas consencientes, não foi porque não apenas não se conseguia colocar o presente em fichas e em análise, mas porque a história não sabia responder a sua tarefa? Isto é, saber que as palavras de outrem extraviam o curso da história ao mesmo tempo que a fabricam. Enfim virá o mais difícil: fazer dessas falas a matriz extravagante e segura de nossa história. Como isso poderá se fazer se já o historiador, apenas demasiado raramente, em seu habitual trabalho de decifração, elevou a fala a seu estatuto de acontecimento possível?

Com efeito, as palavras ditas no século XVIII ou agora contam na maior parte do tempo acidentes bem estranhos, caminhos tomados e subitamente interrompidos, tentativas repensadas ou abortadas, confiscos de poder, derrotas mal digeridas misturadas com lembranças triunfantes, vitórias um tanto quanto cambaleantes. Tudo isso, reinvestido de sentido e de escritura pelo historiador, no seu modo de surgir, de ser dito, dá de fato nascimento ao que vai existir, sentido ao que se improvisa sob nossos olhos. Através de pedaços de identidade encontrados, de falas ditas entre dois lugares, entre dois males, podemos ver a história se fazer, se improvisar. Podemos tomar numerosos exemplos de testemunhos contemporâneos: entre eles o de Khaled Kelkal, acusado de um atentado terrorista no trilho do TGV Paris-Lyon, interpelado no dia 29 de setembro de 1995 em Vaugueray e morto numa troca de tiros. Em 7 de outubro de 1995, o jornal *Le Monde* publica uma entrevista desse jovem, feita bem antes de esses fatos ocorrerem, em que se exprimia sobre suas condições de vida e sobre suas relações com seus irmãos e irmãs na cidade. Kelkal explica: "Falam de nós somente quando há violência, então fazemos a violência. É somente o barril de pólvora. É somente após os levantes que começam a compreender. Não é grande coisa, é para dizer tipo 'estamos aí'." Através dessas palavras rugosas, repetidas rapidamente, laconicamente, podemos ler alguma

---

[26] Uma tentativa desse gênero se encontra no livro dirigido por Pierre Bourdieu, *La Misère du monde* (1993).

coisa de dilacerante, de dilacerado, que fura o tempo e a norma, impondo à história seu horror, sua marca, seu ritmo, seu crime projetado sobre outrem sob a forma de um atentado e sua violência inelutável; podemos compreender a que ponto o acontecimento de fala cria o acontecimento, como o "não é grande coisa, é para dizer tipo 'estamos aí'", que é uma frase em que o tumulto, a demanda insistente, a denegação de gravidade desenham um jovem, mas também jovens improvisando trágica e cinicamente seu lugar na história, confessando que fazem eco ao desinteresse de que são objeto, tomando por forma de ação o crime. Aqui sobrevém uma irregular existência que se cria e se desfaz à medida que as palavras são ditas: acontece simplesmente que a história oficial dessa vida é finalmente aquela do anúncio de uma morte após acusação de atentado, acontece que existe uma história sob a história que faz parte desta história.

Seria preciso saber fazer falar a irregularidade original, espreitar o acontecimento lá onde menos se espera, compreender que a história se passa lá onde tudo passa como se não houvesse história alguma, a fim de "nunca barrar o caminho às intensidades atuais da vida e de suas criações". Visão utópica do historiador? Sem dúvida. Pelo menos, continuo persuadida de que "as palavras [...] são mais teimosas do que os fatos" (RANCIÈRE, 1993a, p. 195) e de que o historiador se afasta delas quando simplesmente as explica sem erguê-las em seu momento nativo de enunciação e no que fazem surgir como tipo de acontecimento que fabrica tempo e sentido. E por que não crer que, se o historiador tivesse sido mais perturbado pelas palavras de outrora, o presente não teria talvez este rosto indecidível, indecifrável?

Com Michel Foucault, zombar das origens?

O texto é iconoclasta: é aquele escrito por Michel Foucault em 1971, intitulado "Nietzsche, a genealogia, a história", em que o autor "[ri] das solenidades da origem" (1994i, p. 139) e se opõe com vigor e zombaria à procura da origem, explicativa de todos os fenômenos que a seguem e em que, de fato, não se recolhem mais do que formas imóveis em que nos comprazemos sempre em acreditar em idades de ouro, em começos plenos de perfeição, empanturrados de serenidade e beleza, aqueles mesmos que o tempo teria em seguida pervertido. Para Foucault, essa visão é falsa, tragicamente errônea: ele afirma, ao contrário, nesse texto intenso, veemente e soberbamente escrito, que "é preciso manter o que se passou na dispersão que lhe é própria" (1994i, p. 141) e saber reconhecer que "de fato, o começo histórico é baixo, irrisório, irônico" (1994i, p. 149).

Esse texto desinstala porque quebra uma parte dos pressupostos de toda pesquisa e desfaz numerosas bases estabelecidas há tanto tempo. Esse texto é um tumulto da razão, em que a razão deve se desfazer da ideia de obrigatória origem para tomar os caminhos originais da dispersão e do esfacelamento.

Entretanto, que os começos históricos sejam "baixos, derrisórios, irônicos" não é nem uma invenção filosófica nem a afirmação sardônica de um autor do século XX particularmente turbulento; os arquivos judiciais do século XVIII e seu longo cortejo de processos-verbais e de interrogatórios ilustram bem o que isso quer dizer. Com efeito, o acontecimento, a derrisão e a falta se formam através de uma infinita espessura de desordens, de rancores, mas também de lutas e encarniçamentos que acabam por trazê-los à luz. E, quando Foucault (1994i, p. 144) escreve: "A emergência é portanto a entrada em cena das forças [...], designa um lugar de afrontamento", o que acontece o mais das vezes, há a exterioridade do acidente, do imprevisível, a condução tranquila ou à força de conflitos, e o que sobrevém emerge desses lugares improváveis mas reais, onde falas se confrontam, saberes e normas se cruzam, restrições e transgressões nascem. Rejeitar a ideia de uma origem ideal não quer dizer rejeitar a filiação nem a genealogia; o que permite a Foucault (1994a, v. III, p. 116-118) escrever ainda: "Não somos nada além daquilo que foi dito há séculos, meses, semanas". E se parece existir assim uma cadeia de palavras, esta nada tem de linear nem de liso; é antes da ordem do esquartejamento, da individuação, tecendo uma estrutura trágica, dispersa de acontecimentos e de falas de que podemos encontrar as condições de emergência. Uma ciência, um discurso, um mecanismo político ou social, desenrolamentos de tempo são então construídos desses pedaços de sentido de irrupção intempestiva. É preciso saber reconhecê-los e dizê-los. Em 1951, Roland Barthes (1993, p. 91-102) escrevia: "A história é um sonho, porque conjuga sem espanto e sem convicção a vida e a morte."

Em sua longa sucessão de fatos recontados, a história sonha pouco, pois quase não se admirou, diante da heterogeneidade dos sujeitos e temas postos em cena, a vida excessiva e reparou apenas nas grandes regularidades de fenômenos coletivos, anotando para melhor integrá-las às falas de uns e de outros que diziam outra coisa que não essa regularidade. Fazer falar o acontecimento, por certo, mas permanecendo surpreso por ele; eis o que pode fazer o historiador através de seu gesto simples de coleta dos fatos.

E se é preciso se assegurar quanto a uma construção do relato histórico que obrigue a novos espantos e a irregulares horizontes de leitura, basta escutar uma vez mais Michel Foucault semanas (1994a, v. III, p. 145) a este propósito: "A história não tem sentido, o que não quer dizer que é absurda ou incoerente. Ao contrário, é inteligível e deve poder ser analisada quase em seu menor detalhe: mas segundo a inteligibilidade das lutas, dos movimentos, das estratégias e das táticas".

Da opinião

Em nenhum caso, trate-se de hoje ou de outrora, a opinião é redutível à medida média de seus conteúdos ou ao inventário minucioso e exaustivo das reações singulares que a compõem. A opinião tampouco pode ser o objeto de uma "seleção de instantâneos[27]", pois desborda amplamente o acontecimento sobre o qual se apoia; em certa medida, o constrói por seu modo de reagir, de nele fazer entrar uma memória ou memórias, de nele perceber formas de porvir.

Em torno de um fato que está se produzindo, existem tantos alvitres ou sentimentos expressos quantos pensamentos silenciosos. As percepções de um mesmo fato são variáveis ao infinito: manifestas e imediatas, latentes ou caladas, cristalizam-se na hora ou, ao contrário, tardam a se transmutar em opiniões visíveis e perceptíveis. De fato, a linguagem da opinião é opaca, de maneira que é preciso evitar certas facilidades de interpretação a seu respeito: por exemplo, consenso não é sinônimo de adesão, ficar em cima do muro não significa ser indiferente; o silêncio não é forçosamente signo de cumplicidade com o que acaba de ocorrer. Da mesma maneira, as ambivalências, as contradições e as ambiguidades dos alvitres sobre um mesmo acontecimento não impedem que a coerência e o sentido se organizem a seu redor. A opinião é um lugar emaranhado onde a memória, o saber, a informação e a projeção sobre o presente e o porvir se mesclam para o desenhar; através das

---

[27] A expressão é de Pierre Laborie em seus trabalhos e seminários; cf. Pierre Laborie (1990).

tensões e das distorções de suas formas de expressão nota-se uma bocado de heterogeneidade. É preciso portanto levar em conta suas múltiplas inflexões, aquelas que vão de sua mobilidade fluida a suas formas de expressão mais mascaradas, muitas vezes secretas. Simultaneamente organiza-se o sentido geral da opinião enquanto existem vozes singulares e únicas a serem levadas em conta também. O relato do historiador conjuga a análise do plural com aquela do singular, com o cuidado de não deixar este ser absorvido por aquele.

Como Marion,[28] personagem furtiva da peça de teatro de Georg Büchner, *A morte de Danton* (1953), que interpela rapidamente Danton e desregra seu discurso, toda voz singular desregra a ordem do discurso histórico. Aqui – compreende-se – a voz de Marion simboliza aquela de toda pessoa ordinária que fratura o curso habitual dos acontecimentos por suas palavras ou atitudes. Essa voz se articula *sobre* aquela dos outros, mas não se funde *na*quela dos outros: há por um lado irrupção, por outro desvio. A articulação entre as vozes singulares e a expressão dita coletiva da opinião marca um espaço que se pode estudar: pode-se descrever, analisar a um só tempo a voz singular e sua capacidade de desvio em relação à norma, assim como seu modo de articulação sobre a comunidade social.

Sem voltarmos a um tema desenvolvido em outro livro (FARGE, 1992), podemos refletir sobre as formas de expressão da sociedade popular do século XVIII e sobre a maneira como a história pode torná-las matéria sua.

As palavras, os gestos, a atividade simbólica

Bem entendido, as fontes principais se encontram ainda uma vez recolhidas nos arquivos judiciais do século XVIII, mais particularmente nas notações dos observadores da polícia, feitas no dia a dia por ordem do rei, os relatórios de inspetores e espias postos nas encruzilhadas, nos passeios e nos cabarés, os processos movidos contra aqueles que levantam críticas contra o rei e mantêm aquilo que se chama "maus discursos", as peças judiciárias conservadas

---

[28] Agradeço a Jean-Christophe Bailly (1988, p. 117-122) ter atraído minha atenção a esta personagem.

nos Arquivos da Bastilha e alhures concernentes a súditos pouco reverentes em face da realeza, os fundos manuscritos conservados na Biblioteca Nacional (Fundo Joly de Fleury, por exemplo) em que se encontram inscritas as notas sobre a opinião dos súditos do rei no momento dos grandes acontecimentos (o atentado de Damiens contra Luís XV em 1757, por exemplo). Podemos também encontrar diversas informações nas folhas volantes (o mais das vezes manuscritas), nos cronistas e nos memorialistas: mas aqui as realidades transcritas sobre o humor da população têm outro estatuto, uma vez que passam pelo olhar de um narrador que restitui à sua maneira o acontecimento e suas consequências.[29]

Tudo isso restitui palavras e falas sobre as questões públicas e do tempo; aquelas mesmas que são sempre denegadas pelo poder como sendo "insensatas" ou frequentemente qualificadas de instintivas demais para serem razoáveis. São, no entanto, procuradas pelos observadores e pelo rei. A monarquia não percebe essa estranha contradição que a faz se interessar pelos súditos como fonte de informações preciosa no momento mesmo em que esses mesmos súditos são qualificados de ineptos. O movimento que se forja entre a ação da monarquia e a fala ativa da população é um lugar histórico onde se lê, de maneira clara, a interação entre uma denegação e uma fascinação que vêm do alto e que terminam por suscitar uma fala popular, não estimada, embora perseguida como eventualmente ameaçadora.

Os dossiês de arquivos, repletos de falas vivas e fortes, fazem ver a que ponto a população vive durante o século XVIII em sistema de inteligência com aquilo que vê, sofre e escuta. A cada acontecimento, trate-se de guerra ou do preço do pão, de tratados diplomáticos, da vinda do rei, de partida ao estrangeiro ou de fatos diversos, falas se pronunciam definindo as formas de recepção de uma população ávida de informações e que constrói, muito rápido, com seus próprios meios, o sentido daquilo que vê. Guardando a memória, projetando-se adiante, essa população desenha, a golpes

---

[29] As fontes estão em geral conservadas nas séries X e Y dos arquivos nacionais e nos arquivos da Bastilha conservados na Biblioteca do Arsenal.

de palavras, trajetos da opinião em que o julgamento sobre a coisa pública cria novas ações, esperanças ou intenções. A coroação de Luís XV, por exemplo, transportou o rei ao coração de uma onda de falas e de reações em que tentam se conciliar a esperança de um novo rei que não extenuaria seu povo com guerras cruéis e a imagem simbolicamente pesada e majestosa do precedente Rei-Sol, guerreiro e vencedor. Luís XV recebia da população o presente envenenado dos trajetos contraditórios de uma opinião cujos fios não saberia verdadeiramente desatar.

Poderíamos tomar outros exemplos (Farge, 1992), mas é preciso antes acrescentar que as falas, as palavras ditas não são as únicas a fabricarem uma ou várias opiniões. Uma comunidade social se exprime também por gestos, ritos e práticas observáveis; são eles que declinam o sentido das aspirações ou dos descontentamentos. Os gestos e os usos sociais, tanto os espaços quanto os ajuntamentos, não são evidentemente operações intelectuais como os escritos e as palavras, mas esboçam atitudes que se carregam de significação. Distanciar-se do rei, por exemplo, ou empreender por momentos uma sorte de desafeição em face dele, pode-se fazer pelo viés de comportamentos discerníveis no dia a dia. Roger Chartier faz a demonstração disso em *As origens culturais da Revolução Francesa*, o que lhe permite escrever: "A desafeição em face do soberano não é aliás necessariamente o resultado de uma operação intelectual. Pode se instaurar na imediatez de práticas ordinárias, dos gestos feitos sem pensar, de falas que se tornam lugares comuns" (CHARTIER, 1990, p. 108).

Com efeito, sob o Antigo Regime, a opinião popular não se "mede"; só se a adivinha examinando não apenas as falas, mas também atos e comportamentos. Além disso, esses gestos e atitudes têm às vezes por alvo fatos bem diferentes dos acontecimentos tradicionalmente assinalados; ligam-se frequentemente a fatos diversos, espetáculos, rumores, conflitos privados e informam sobre a maneira como os súditos entreveem, julgam e vivem suas relações com o conjunto da sociedade. O acidente que fez 300 mortos, ocorrido em 1770 quando da festa de comemoração do nascimento do delfim, provocou numerosas reações que se explicam também pela maneira como vários outros acontecimentos no mesmo momento foram estimados e qualificados. É assim quanto a numerosos fatos – grandes ou pequenos – que sobrevêm na vida da cidade; da mesma forma pode-se afirmar que certos lugares (igrejas, cemitérios, passagens, cabarés) provocam formas precisas de conciliação ou de disputa, liberam imaginários em que a opinião se faz e se desfaz, exprimindo assim seu modo de apreender um real que é ele também distribuído lugar por lugar. O espaço cria o movimento e o julgamento; quanto à posição dos mortos, aquela de Deus ou ainda do pão, todos esses lugares constroem atitudes mentais e decidem de campos de ação onde a reivindicação, o descontentamento se combinam por vezes com a adesão.

Dá-se espaço à atividade simbólica, assim como à carga simbólica das relações dos membros dos grupos sociais com um poder ele próprio extremamente ritualizado e às manifestações que dele recebem. As entradas reais, os *Te Deum*, as festas, as núpcias, os castigos e suplícios, os espetáculos na Ópera, o Palácio de Justiça e seus faustos abrem para espaços legíveis em que o olhar dos súditos inscreve a parte de sua expectativa e de suas desilusões. Da mesma forma, na vida de todos os dias, a presença dos mortos, a doença, os gritos da rua, os ritos de camaradagem e as cerimônias de confrarias engendram muitos implícitos e julgamentos. Essa maneira de viver acarreta não apenas gestos mas também julgamentos, pensamentos imediatos. Não é necessário para um grupo social produzir constantemente a afirmação explícita de sua situação; ele possui ademais uma linguagem implícita, aquela de sua atividade simbólica que o faz, por exemplo, aproximar-se do sagrado ou insultá-lo, participar com indiferença ou entusiasmo das cerimônias obrigatórias. O próprio silêncio detém sentido a interpretar.

As falas proferidas, os panfletos escritos nos muros, as práticas sociais ordinárias não esgotam o conjunto das opiniões e dos sentimentos que uma população possui para refletir e agir: a recusa de dizer, a linguagem implícita, o sonho e a ilusão, o medo, a expectativa, a denegação silenciosa são outros tantos polos maiores que requerem atenção. Fantasmas e sonhos criam a cultura e a história. O mesmo acontece com a emoção.

As disposições emotivas dos súditos do rei

No século XVIII, a monarquia e as elites desqualificam a população pelo caráter emotivo de suas reações. Desqualificada, sua emoção é rapidamente tornada suspeita: ao mesmo tempo "imbecil" e perigosa, a emotividade popular é um pulso que bate rápido demais e que é preciso vigiar. Os textos da época estão repletos dessa crença na animalidade perigosa das multidões, e o historiador é obrigado a trabalhar a partir desses julgamentos sobre a população. É-lhe ainda menos fácil se desfazer deles visto que no século XIX os questionários e as grades de interpretação dos historiadores reproduzem essa inquietação em face da periculosidade popular e manifestam uma atitude defensiva perante todo surgimento de manifestações emotivas. Várias teorias sociais fazem um mau juízo sobre as condutas das multidões, sublinhando o desregramento de seus atos e de seus pensamentos, a efeminação de suas atitudes, a animalidade de suas necessidades. Uma população presa da emoção tem mais a ver com a animalidade do que com uma racionalidade qualquer, diz-se.

O peso da denegação de todo julgamento e de toda lógica nas práticas emotivas populares não facilita a tarefa de quem quer justamente ser tocado por elas, estudá-las e fazer aparecer a emoção como um tipo banal de reação social cujas formas são portadoras de julgamentos. Bem evidentemente, a questão das emoções opostas ao julgamento e à razão não data de ontem e não escapou aos filósofos que trabalham desde a Antiguidade sobre a razão e a paixão – basta pensarmos em Platão ou, bem mais tarde, em Locke opondo-se à agitação das paixões geradoras de ideias falsas. Não deixa de ser estranho que essa pesada herança (que se intensificou no século XIX com Le Bon, Tarde, Taine) não tenha sido desmontada para ser retomada em termos novos nas ciências humanas e sociais contemporâneas. Mesmo se é preciso confessar que as sociologias anglo-saxônica e francesa publicaram enormemente sobre essa questão, em termos, aliás, contraditórios,[30] parece que raramente se percebeu

---

[30] Cf. o n. 6 da revista *Raisons pratiques*, 1995, "La couleur des pensées: sentiments, émotions, intentions". Lembremos também Serge Moscovici, *L'âge des foules* (1981).

que a responsabilidade primeira de nossos modelos de racionalidade é a de terem contribuído por muito tempo para manter a distância os sujeitos ditos "emotivos", as mulheres, por exemplo, ou outras minorias ativas. Apesar da constatação pessimista, é preciso correr o risco, levando em conta a literatura recente, de trabalhar sobre o campo emocional como construtor de história e de laço social. Um dos trabalhos de Luc Boltanski (BOLTANSKI; GODET, 1995, p. 30-76) a que faremos referência vai nesse sentido e permite pensar em termos mais liberadores.

Para trabalhar sobre as formas constitutivas da opinião pública no século XVIII, a componente emocional é um dado essencial. Não restam dúvidas de que há uma lógica social dos afetos (Farge, Revel, 1986), mas é preciso ainda ler os momentos irruptivos de emoção que vêm dilacerar o tecido social a fim de estudar sua potência de produção de memória, de pensamento e de julgamento. Em certos momentos, a emoção sentida por um grupo social ou sexual em face de um acontecimento é propiciadora de ação e muda o curso das coisas, provocando novos acontecimentos sobre os quais eventualmente se apoiará mais tarde.

Diz-se com frequência (e o ruído vem de longe: dos estoicos, depois de Descartes, Espinosa e tantos outros) que, por mais que a emoção esteja do lado da inteligência, por mais que faça parte de uma verdadeira operação cognitiva, ela provoca julgamentos falsos (NUSSBAUM, 1995, p. 20-31). É verdade que, se a emoção é um gênero de pensamento, ela pode "tomar um caminho falso", mas isso significa esquecer que um pensamento também pode tomar um caminho falso sem por isso ser negligenciável. Nenhuma razão, pois, para não trabalhar sobre a emoção como julgamento. O "aquilo-que-foi-feito-por-emoção" está *lá*, mesmo que discutível, produz veridicidade e efeitos, forja laço social, muitas vezes paixões, e deixa traços que a memória reaviva pelo jogo das imagens, das metáforas e da lembrança dos sentimentos que intervieram. O fluir dos afetos e a vinda da emoção em momentos particulares do tempo social não são por essência atividades desordenadas, mas um colocar em ação sensações e reações que nascem e se movem no interior de um grupo (vizinhança, imóvel, família, bairro, cerimônia), cujo olhar transformam provocando sistemas de pensamento e de ação que se transmitem rapidamente no interior e no exterior do grupo concernido. A emoção que faz agir se assemelha a um frêmito que percorre o corpo. Empregando essa metáfora, dá-se peso àqueles que colocam a emoção do lado dos sentimentos pouco aceitáveis porque "frementes", mas podemos também nos apoiar sobre uma das frases de Luc Boltanski no estudo citado mais acima: "A emoção é a um só tempo operador de julgamento [...] e da forma que toma o engajamento [em face do acontecimento julgado] [...]. É uma exteriorização da interioridade. O ajuntamento em torno de uma causa, a configuração de um coletivo se faz pelo contágio das emoções que fazem circular a *liga* de interioridade em interioridade (BOLTANSKI; GODET, 1995, p. 39-40)". A partir de então, "a emoção entretém um laço estreito com a verdade", o que muda as perspectivas e permite reatar com o senso comum. As ciências sociais e históricas tiveram tendência a rejeitar o campo emocional para o campo fisiológico, para a irracionalidade ou ainda para a manipulação sórdida de sentimentos. A emoção é uma das manifestações da verdade que desvela novas realidades e permite engajar-se nelas. Há um "sentido ordinário das emoções" (BOLTANSKI; GODET, 1995, p. 42). Existe portanto uma história desse sentido e desse curso.

Estudando fenômenos de opinião (popular e política), levantam-se numerosas atitudes emocionais: elas não "deterioram" a opinião, fundam simples e naturalmente uma parte dela. Em torno dos anúncios de guerra, do aumento dos preços do trigo e do pão, das execuções capitais ou de fatos diversos monstruosos, emoções expressas ou implícitas surgem. Enunciam uma "disposição" dos espíritos e dos corações daqueles que assistem a eles; fabricam "motivos" particulares que desenham modos diversos de compreensão dos acontecimentos. Transmitindo-se, as emoções dizem algo de uma expectativa ou de uma projeção sobre o porvir. As disposições emocionais dos atores sociais, mesmo que efêmeras, marcam momentos precisos e traçam sulcos onde se alojam a memória e a visão do porvir. Assim, juízos de valor aparecem graças a essas emoções: em certos casos, esses juízos fazem evoluir os pensamentos e permitem que o presente seja criticado em nome de um porvir esperado. Um pensamento crítico se organiza em torno dos afetos e com eles. Foi assim quando dos raptos de crianças na Paris de 1750 que criaram emoção e emoções; o mesmo acontece, mais ordinariamente, com os motins de cadafalso que organizam em torno da execução um sentimento de intolerância que transforma – a curto ou a longo prazo – as modalidades das execuções e dos castigos corporais.

As condições de produção da emoção são por vezes surpreendentes: ocorre – e muitos documentos ou textos o provam – que os sentimentos emocionais sejam cientemente solicitados pela monarquia. O rei, na retórica que entretém com seus súditos, aspira à efusão coletiva de seus súditos, criando um corpo místico e real entre ele e eles. Os *Te Deum*, as entradas reais, os grandes fogos de artifício por ocasião dos casamentos principescos buscam as aclamações e o fervor dos súditos. Um espaço é portanto criado pela monarquia, para que se formem signos de efusão comunitária em face dela. Espaço desejado, mas simultaneamente temido, uma vez que o rei e seus príncipes sentem pavor e repugnância em face do "populacho emocionado". Nessa interação, desejada pelo rei, entre seus súditos e ele, coloca-se desde o princípio certa desconfiança, aquela que em certos casos vai justamente criar emoções pouco tranquilizadoras para a monarquia. A efervescência emocional da sociedade se aloja nos interstícios: é movente, complexa, solicitada, não advém sempre com o rosto esperado. Mesmo conduzida e incitada em certos momentos precisos pelo rei, pode lhe escapar ou tomar direções diferentes das esperadas; pode inventar outras disposições, outros tipos de respostas surpreendentes e inteligentes, contrastadas. Em todo caso, a faculdade de emocionar é um risco tomado pelo rei, pois o modo de aparição da emoção assim como a escolha de seu lugar e suas consequências não podem ser inteiramente controlados. Toda resposta emocional, mesmo suscitada, permanece livre em suas modalidades: mas, tenha a forma que tiver, toma emprestada a linguagem da sensibilidade comum, o que a torna possante.

A emoção é uma disposição banal dos corpos e dos espíritos; apoia-se sem desvios sobre situações, falas, espetáculos que refletem sonhos comuns e simples veiculados na cultura partilhada de todos os dias: a morte, o sol, o perdão, a separação, o amor, o medo, a vontade de passar da infelicidade à felicidade, por exemplo, são algumas de suas maiores apostas. Apostas triviais, certamente, mas que pertencem a todos e elaboram visões do mundo sensíveis e consensuais. Essa "simplicidade" do afeto não deve ser negligenciada, nem por sua simplicidade nem por sua medida comum, e podemos trabalhar seus motivos sem desprezo. Da mesma forma, podemos, como historiadores, estar nós mesmos às voltas com uma emoção pessoal diante do que lemos e analisamos: é outra partilha a assumir, uma maneira modesta de aceitar que o "intelectual", como qualquer um, está às voltas com o lugar-comum dos sonhos e dos sofrimentos sentidos. A emoção não é uma tela, mas uma ferramenta, uma forma de inteligência aguda que se confronta ao conjunto das realidades humanas, mesmo que transformadas pelas grades da análise e do estudo.

A percepção estética dos fatos e dos acontecimentos políticos

Julgar em termos estéticos o fundamento de uma decisão política ou de uma cerimônia real não é raro. Ainda mais que o próprio rei e seus príncipes se servem explicitamente daquilo que chamam a "beleza", uma beleza cujos caracteres jamais definem, mas que designam como evidente e universal o bastante para assentar seu poder, sujeitar seus súditos e fundi-los numa mesma percepção feliz de seus feitos e gestos. A realeza se mostra e utiliza seus próprios critérios do "belo" para reger suas festas, seus lutos, suas vitórias e seus deslocamentos: a magnificência é uma palavra soberana que guia os atos reais, influi sobre os súditos e deve seduzir uma população confundida, diz-se, pelos esplendores e pelos faustos desdobrados diante dela.

Mas as formas da beleza utilizadas pelo rei não são sempre percebidas favoravelmente pelos súditos: há momentos e tempos em que a beleza outorgada, vinda de cima, não está ao gosto daqueles que supostamente deveriam recebê-la com prazer e contentamento. A "beleza", sem outra definição que não ela mesma, sem características precisas além da de estar acoplada mecanicamente a toda exteriorização do poder monárquico, não é forçosamente recebida na população da mesma maneira que é, de certa forma, administrada. Não é recebida "regiamente", poderíamos dizer.

Basta examinar um pouco as reações populares para saber que a "beleza" deve saber coincidir com as necessidades da população; é belo o que é justo, diz-se, e prolonga a ideia do bem. Há ostentações desgraciosas e espetáculos monárquicos em que a inflação da beleza e do cenário, da riqueza extrema, manifesta um sobrelanço excessivo. Esse sobrelanço, assim como a eventual beleza da pompa monárquica, pode se tornar objeto de feiura, de repugnância, pela inadequação absoluta com as necessidades e os sentimentos de uma população molestada por numerosas preocupações. Há portanto formas de beleza julgadas ineficazes, ainda mais que a retórica real, jogando com o belo e o bem confundidos, dá a seus súditos a ocasião de compreender que o bem por vezes não está no interior do belo.

O aspecto moral que faz sentir com acuidade a noção de justiça e aquela de necessidade autoriza cada membro da sociedade a formular um julgamento estético e ético sobre aquilo que lhe é dado ver. Nenhuma representação pública do poder pode prescindir da justeza, da justiça, nem da fundamentação de seus signos. A história está repleta de exemplos desse gênero, e espantamo-nos por vezes que os reis do século XVIII, cumulados de virtude e de bondade, não tenham percebido as faltas inerentes a suas gloriosas propostas festivas ou punitivas.

Remontar a Cícero pode parecer distanciar-se demais do tempo estudado aqui; entretanto, em sua última obra, o *De Officiis*, o autor-orador reflete sobre esse aspecto essencial do poder que considera um dever maior. "É preciso", escreve, "compreender que os homens costumam perguntar-se não apenas se um ato é belo moralmente ou vergonhoso, mas ainda entre dois projetos moralmente belos, qual o mais belo" (Cícero, 1974, t. I, livro I, p. 152). Aquele que governa deve deter a beleza moral; é nesse sentido que o que empreende é útil ao laço social construtor da nação, a *functio societatis*. A beleza moral, a partir de então, se define pelo discernimento do verdadeiro, a salvaguarda dos interesses da sociedade e da justiça, a grandeza de alma assim como a ordem e a medida dos atos e das falas. O combate pela salvação comum é uma "beleza" reconhecida por todos como necessária. E Cícero (1974, t. II, livro II, p. 30) acrescenta: "O belo assim concebido comove todas as almas por sua natureza e seu aspecto exterior".

Há então "belezas" mal concebidas e muito pouco justas que não dão mais emoção ou ainda que suscitam indignação, isto é, um sentimento emotivo e racional de rejeição e repulsão em face de seus autores. A relação dos súditos – como se vê bem no século XVIII – com a atualidade política e monárquica é uma maneira de pensar e de sentir o que é visto através de um prisma em que beleza, justiça e bem devem sobriamente coincidir. Se seguimos a um só tempo Kant e Michel Foucault comentando-o, quase dois séculos depois, a propósito das Luzes e da Revolução (FOUCAULT, 1994j, p. 679-688), percebemos que o acontecimento é essencialmente constituído pelo espetáculo que impõe e a disposição de espírito daqueles que assistem a ele, julgando-o entre entusiasmo por seu conteúdo e esperança naquilo que produzirá talvez. Momentos históricos foram inflectidos pela disposição de espírito daqueles que os viveram e assistiram a eles; seu sentido foi definido por eles, seja de maneira positiva, por nele verem generosidade e moral, logo beleza, seja de maneira negativa, por nele lerem feiura, desprezo, por vezes mesmo impudor. Retomando o exemplo revolucionário e as reflexões de Michel Foucault a esse respeito, podemos ir mais longe e perceber que uma parte do elã revolucionário foi também fabricado por aqueles que não participavam diretamente dele, mas o sentiam e o reconheciam como elemento de sublime ou simplesmente de "beleza moral".

Nos mecanismos da opinião pública, o "prazer estético" não tem um conteúdo universal, invariável, dado de uma vez por todas através do tempo. O gosto e o belo se inscrevem em condições históricas e sociais de possibilidade, ou mesmo de necessidade, que mudam de um momento para o outro. No século XVIII, a população urbana utiliza portanto capacidades e necessidades estéticas que são a um só tempo o produto de sua história, de suas condições de vida e do uso pessoal e coletivo que faz das "belezas" que lhe são outorgadas. As classes populares sabem se apropriar das formas da beleza de acordo com o que esperam de um poder que deveria lhes ser benéfico: a verdade e a beleza são motivos de luta (BOURDIEU, 1994, p. 231).

Neste sentido, numerosos acontecimentos, grandes ou pequenos, que tiveram lugar sob os reinados de Luís XV e de Luís XVI, provocam uma reação que pode ser de ordem estética. Citemos alguns exemplos: a esmola para o povo no momento dos *Te Deum* pôde ser diversamente apreciada de acordo com a maneira como foi realizada; Luís XV e a rainha, diz-se, demonstram maior desprezo do que o grande rei Luís XIV, cujos gestos eram considerados belos. Luís XV não parte de maneira bela para a guerra em 1774, quando vai a Flandres, uma vez que é constrangido a fazê-lo e o faz acompanhado de sua amante, o que não é do melhor gosto. No momento da querela jansenista e das recusas de sacramentos (1752), as decisões tomadas pela monarquia e pela Igreja são julgadas de grande feiura. O termo é empregado, e não é de espantar: como, na beleza e na harmonia, deixar morrer alguém sem o socorro dos últimos sacramentos, e isso porque seu confessor cometeu o único erro de ser de sensibilidade jansenista?

Para cada fato, acham-se convocados diversos tipos de impressões e de sentimentos que dizem respeito ao belo e ao bem. Os adjetivos "belo/feio", "justo/bárbaro", "bem/mal" qualificam os acontecimentos, modelam sua recepção. Neste caso, a memória entra em jogo, como é o caso de Luís XV dando esmola, evocando a lembrança (sem dúvida aureolada) de seu predecessor. Fascinação ou repugnância se formam rapidamente, inclusive a propósito de cada ato ou fato diverso cotidiano: nesse contexto movente, impetuoso, por que se admirar de que uma imagem fasta (mesmo inquietante) se construa em torno de Cartouche, o grande criminoso? Esse tipo de herói é também um tipo estético. E não é a corrente dos condenados à galé atravessando Paris que pode corrigir esse julgamento, muito pelo contrário: sombria e sórdida, ilumina por contraste o rosto daquele que desafia a autoridade. A repugnância se sobrepõe ao medo: atestam-no os testemunhos de polícia, assim como os enunciados dos cronistas.

Em face dessas expressões sucessivas de entusiasmo ou de rejeição, a monarquia manifesta, a maior parte do tempo, pouco discernimento, fiel neste ponto à forma de seu julgamento sobre o meio popular, declarado inepto por essência e de antemão.

No entanto, a magnificência não pode se bastar a si mesma: a população em todas suas ações prova que não a recebe como ela lhe é dada.

A voz de Marion: opiniões singulares e plurais

Como articular um provável sentido da opinião coletiva e a realidade das opiniões singulares? Todo consenso é finalmente heterogêneo, uma vez que consenso é aquilo que é posto em partilha, logo em pedaços. O que fazer desses pedaços, dessas falas simples e únicas, que fazer, por exemplo, de Marion dizendo algumas palavras, em plena Revolução, a Danton; em suma, como dizer Marion *e* sua comunidade, o indivíduo em ou contra sua comunidade? A questão não é nova: Michelet a colocou a sua maneira, Marcel Schwob igualmente, como tantos outros.

Michelet e a medida do instante[31]

Segundo Michelet, capturar o homem em sua individualidade é, para o historiador, capturar a generalidade da vida popular: "Não há nada de tão nobre", escreve, "quanto aquilo que se distancia das individualidades, o que é princípio, abstração (*Écrits de jeunesse*, t. II, p. 84)." Assim, é bom "puxar" o indivíduo para o princípio geral. A contradição sentida entre indivíduo e povo se resolve pela heroicização deste último: "No topo o povo, só ele é o herói (*Journal*, t. II, p. 162)!". Não é portanto necessário entrar no detalhe das individualidades, mas essa posição relativamente nova contradiz a visão romântica de um Thomas Carlyle, por exemplo, para quem o importante é antes de tudo "o triunfo do indivíduo, a afirmação, contra o povo, da superioridade do grande homem" (POULET, 1964, p. 257).

Em seu *Diário*, Michelet chega a duvidar de sua própria posição: inquieta-se progressivamente com o fato de que seu procedimento (uma visão julgada por ele talvez demasiado geral) vira as costas à "vida concreta", à singularidade de cada um. Em 1839, atormenta-se com isso e sente como que um remorso. Vai mesmo além desse

---

[31] Para este capítulo ver particularmente POULET, 1964, v. IV, *La mesure de l'instant*, cap. XI, "Michelet", p. 253-275.

sentimento e toma consciência de que não há história sem morte da pessoa e que o historiador consente facilmente demais nessa morte. Eis como Georges Poulet (1964, p. 257) comenta e descreve sua reflexão: "Renunciar à pessoa humana para escolher a generalidade da humanidade é renunciar ao ser vivo [...] renunciar à generalidade é renunciar à história". Dilema que tem acentos atuais.[32] Michelet o resolve à sua maneira: inventa de certa forma uma língua, um ritmo de escritura, uma suntuosidade das metáforas que querem fazer crer na reunião do "eu" e da história. "Cada homem é uma humanidade", escreve no tomo IV da *História da França*, ou ainda, mais intenso e mais íntimo, em seu *Diário*: "Eu sou o povo, eu sou a humanidade". Parece-lhe consumada a alquimia entre ele próprio, cada sujeito de história, o povo e o gênero humano.

Apesar da beleza do relato micheletiano, compreende-se que esse modo de identificação entre ele e o povo anula de fato a relação tão viva e complexa entre a humanidade e a opinião singular. Ora, esta é já, em si, um objeto de história, um lugar no qual a história intervém: cada época, cada tempo, mas também cada acontecimento produz um vínculo particular entre o indivíduo e sua comunidade. O que se passa entre eles não é uma relação de tipo universal, mas uma história que pode ser decifrada e interpretada. É no momento em que compreendemos o sentido e o conteúdo dessa relação histórica que o indivíduo em sua comunidade pode ser contado. Cada século fabrica a história específica dessa relação, em movimentos e tensões incessantes. Michelet, para alcançar o indivíduo, para contar o humano, não percebeu que eles tinham história *entre* eles.

Marcel Schwob

Em 1957, as primeiras palavras do prefácio de Marcel Schwob às *Vidas imaginárias* são as seguintes: "A ciência histórica nos deixa na incerteza sobre os indivíduos". Essa incerteza arrasta definitivamente o autor para a arte e o distancia da história: "A arte é o oposto das ideias gerais, só descreve o individual, só deseja o único. Não

---

[32] Expressos no que concerne à história no livro já citado de Jacques Rancière, *Os nomes da história*. Estes acentos estão presentes em todo nosso fim de século, na imprensa, nas mídias, nas maneiras de falar de nossa história do presente, oscilando entre generalidades e importância atribuída às testemunhas.

classifica; desclassifica". Marcel Schwob insiste nesta desclassificação; é preciso, escreve, "contar com o mesmo cuidado as existências únicas dos homens, quer tenham sido divinos, medíocres ou criminosos". Como Schwob, insisto nessa desclassificação, nesse cuidado, mas sem abandoná-los inteiramente à literatura; a história pode conter esse jogo astuto, feliz ou sofrido da opinião singular, desde que desclassifique, desorganize o relato, para lastrar a narração de quebras e de pesos de vida irregularmente ordenados fora do sentido geral das coisas.

Marion

Marion é portanto este personagem anônimo e furtivo da peça de Georg Büchner (1953), *A Morte de Danton*, ao qual fizemos alusão mais acima. Nessa meditação sobre a história e sobre o jugo do tempo, Büchner faz conversarem a política e a Revolução Francesa por intermédio de seus atores, Robespierre, Danton, Hérault e Camille Desmoulin. Marion intervém uma única vez no primeiro ato, na cena 5: não se sabe quem é, mas fala a Danton, e isso uma única vez, em seu quarto, descrevendo-lhe em palavras simples o que é sua vida e que cor tomaram os dias quando viu pela janela carregarem numa padiola seu amante afogado. Fratura a peça com seu relato singular, mais anônimo do que todos os relatos anônimos: "Carregavam-no numa padiola", diz ela, "a lua brilhava em sua fronte pálida, seus cachos estavam molhados, tinha-se afogado. Pus-me a chorar." Danton responde: "Por que não posso conter toda tua beleza em mim, absorvê-la totalmente?" (BÜCHNER, 1953, p. 31). Por essa fala, Danton parece compreender. Compreende que uma parte da história reside nessa fala tênue e sofrida que nada tem a ver com a algazarra da Revolução. Marion fala uma língua transtornante e Danton, a menos que seja Büchner, sabe que nem ele nem a história podem reter ou acolher esse instante de luz crua e singular. Marion está lá, na peça de teatro, soberana pelo talento da *mise-en-scène* de seu autor, mas excluída. Excluída do discurso da história, permanece em sofrimento. Que fazer de Marion, de sua entrada em fala que está a contratempo no palco da Revolução e que é a própria existência?

Há uma maneira cômoda e insatisfatória de inscrevê-la no curso da história, e essa maneira todo mundo a conhece. Basta colocar Marion como uma anedota, a título de exemplo ou, ainda melhor, "entre aspas", para dispor de sua fala como se usa um bonito cenário. A citação, assim concebida, está lá para ilustrar a teoria que precede, dar um pouco de cor à austeridade dos enunciados sustentados e a sua generalidade abstrata. Marion é citada, mas não levada em conta realmente. Se deve haver citação, que se incruste no campo do discurso para pervertê-lo, obrigue-o a dobrar-se a uma nova ordem que seria aquela do descontínuo e do estabelecimento do desvio como desvio. Quando Marion, no teatro, fala a Danton, trata-se de um efeito particular de cena, mas a realidade histórica é talvez a seguinte: Marion fala verdadeiramente a Danton, e a história analisaria a tensão que sobrevém então entre o singular e o coletivo. Essa voz sem lugar interpela "o" lugar. Voz vinda de alhures, que diz outra coisa, alguma coisa estranha em relação à norma do momento e que toma todo seu lugar, um lugar que eriça o real com sua gravidade singular.

Se é verdade, como pensa a micro-história, que podemos assim reencontrar "a multiplicidade das experiências e das representações sociais e contraditórias através das quais os homens constroem o mundo (REVEL, 1996, "Prefácio"), analisa-se a voz de Marion percebendo-se também seu modo de intervenção como o lugar de uma tensão irredutível com a ordem social, que organiza a partir de então reajustes e agenciamentos imprevisíveis anteriormente. Isso seria seguir o pensamento de Jacques Rancière (1993b, p. 1011-1018) quando escreve na revista *Annales*: "O real tem lugar lá onde algumas [...], a partir do desvio singular que as faz falar, desenham uma comunidade infigurável aberta/oferecida, onde se arriscam outras singularidades que ali inscreverão sua fala, seu ato, seu desvio produtor de comunidade".

Deixemos o real ter lugar, portanto, deixemos Marion existir em seu lugar e em sua eficácia, erguida perpendicularmente em relação aos outros seres e aos acontecimentos, alcançando-os nesse lugar onde se arriscarão ainda outros espaços, imprimindo outro ritmo ao equilíbrio social. Se a história marca seu traço assim, ela dá conta do edifício onde Marion tem sua parte.

Da diferença dos sexos

1991: cinco volumes intitulados *Histoire des femmes en Occident de l'Antiquité à nos jours*[33] são publicados pela editora Plon, sob a direção de Georges Duby e Michelle Perrot. Cada volume divide o tempo em períodos clássicos; cada período é dirigido por uma mulher diferente: o conjunto quer-se um balanço prospectivo nesse domínio particular que é a história das mulheres; alguns autores masculinos juntam-se ao empreendimento. Numa longa introdução, é-nos dito que se trata de seguir um procedimento diferente daquele dos anos 1980, que privilegiava o estudo descritivo da condição das mulheres. Aqui, escrevem os responsáveis, a problemática de conjunto gira em torno das relações entre o mundo masculino e o mundo feminino, em torno da construção social dos papéis e das representações. A diferença dos sexos e seu funcionamento através dos séculos e dos lugares são objetos históricos pertencentes a lógicas específicas e mutáveis.

A *História das mulheres* é uma aventura editorial. A editora italiana Laterza tomou a iniciativa, solicitando a Georges Duby e Michelle Perrot que realizassem este projeto. A França, por intermédio da editora Plon, logo viria a comprar os direitos. Iniciadora, a Itália procurou seus autores no mundo universitário francês, e depois se juntaram a este projeto europeu autores americanos, italianos, suecos, alemães, etc.

---

[33] Tradução portuguesa: *História das mulheres no Ocidente (em 5 volumes)*. Porto: Edições Afrontamento, 1993. (N.T.).

O sucesso comercial desses volumes e sua tradução em diversas línguas (inclusive japonês) mostram a vitalidade do empreendimento e uma ampla recepção por parte de um público cultivado. Nos próprios meios universitários, a recepção é cordial, notadamente na França, onde os resultados de uma história das mulheres, empreendida há muito tempo, não tinham ainda sido propostos a um grande público.

Esses cinco volumes dirigidos por francesas, exceto o terceiro ("XVIe-XVIIe") que codirigi com a americana Natalie Zemon Davis, seguem um caminho particular, aquele dos estudos femininos franceses, bastante afastado do conjunto dos estudos feministas americanos. Não tendo a França, em seu currículo universitário, criado *Women Studies*, as perspectivas são diferentes como o são as estratégias. A *História das mulheres* francesa parecerá extremamente moderada nos Estados Unidos porque tem também por estratégia chegar a uma integração bem-sucedida na disciplina histórica, o que não é simples de obter e permanece um problema até hoje. A publicação desses cinco volumes certamente produziu efeitos positivos, mas não é certo que isso tenha feito desaparecer o sentimento de desvalorização intelectual que cerca esse campo de pesquisa. É preciso saber que as mulheres pesquisadoras em história das mulheres não têm as mesmas posições institucionais que os pesquisadores masculinos em história, salvo exceções, é claro.

É verdade – e por que se defender disso? – que nesses cinco volumes existe de modo tangível um perfume de feminismo, uma cor real de passado militante. Esse passado foi enriquecido com problemáticas novas, lugares de pesquisa inesperados e métodos afiados. Essa publicação serviu e serve de referência, e mesmo se severas críticas vieram discuti-la, parece que teve por efeito legitimar melhor esse campo de pesquisa, abri-lo à crítica externa e colocar em termos históricos uma diferença dos sexos até aqui pouco estudada na complexidade de seu estabelecimento histórico.

A *História das mulheres* marca assim uma etapa: uma experiência intelectual conduzida há muito tempo, o mais das vezes em grupo, finalmente é trazida à luz. Essa experiência, nascida do militantismo feminista, propõe seus resultados num balanço provisório. As portas estão abertas para que outras maneiras de pensar, de trabalhar, de refletir sobre esse tema venham prolongar, reorientar ou contradizer essa primeira tomada de posição editorial. Numerosos trabalhos, com efeito, estão saindo: os livros publicados propõem outras orientações. Claro, a seleção editorial não permite entrever a totalidade das pesquisas feitas na França; entretanto, uma pequena viagem ao redor de certos livros publicados apenas em 1996[34] permite refletir não somente sobre a paisagem intelectual de hoje mas também sobre a expectativa do público que recebe esses livros, por vezes guiado pela crítica, seja ela jornalística ou universitária. É essa viagem que é empreendida aqui, a fim de melhor compreender a atualidade de nosso tempo; será questão apenas de alguns livros, e a reflexão em torno deles terá mais de questionamento e interrogação do que de julgamento. As questões colocadas durante a leitura desses livros são as seguintes: em que ponto estamos, no fim do século XX, em face das mudanças recentes concernentes às mulheres e do imobilismo atual? O que podem dizer a esse respeito algumas obras de antropologia, de história e de sociologia a propósito das mulheres? O que fazer da diferença dos sexos; como gerir um passado militante para algumas e eventualmente inventar um futuro apesar da crise intelectual e moral atualmente sentida?

Em primeira análise, parece que nos encontraríamos na hora atual num lugar frio e amargo onde se constata, com paixão ou indiferença, uma realidade imóvel. A igualdade proclamada entre os sexos, as extraordinárias conquistas realizadas não impedem um imobilismo de fato e a instalação da dúvida nas gerações jovens sobre os papéis sexuais a desempenhar. "A soberania masculina não parece alterada" (DROIT, 1996), lê-se no texto de jornalistas que resenham trabalhos sobre o masculino e o feminino; a realidade permanece coagulada e por vezes a reação se sobrepõe, como nas

---

[34] Faremos alusão aqui aos livros publicados em 1996 cuja lista segue na ordem alfabética dos sobrenomes de autor: HEINICH, *États de femme. L'identité féminine dans la fiction occidentale* (*Estados da mulher. A identidade feminina na ficção ocidental*); HÉRITIER, *Masculin/Féminin. La pensée de la différence* (*Masculino/feminino. O pensamento da diferença*); MUEL-DREYFUS, *Vichy et l'Éternel féminin. Contribution à une sociologie politique de l'ordre des corps* (*Vichy e o eterno feminino. Contribuição a uma sociologia política da ordem dos corpos*, sem edição brasileira); WEINBERGER-THOMAS, *Cendres d'immortalité. La crémation des veuves en Inde* (*Cinzas de imortalidade. A cremação das viúvas na Índia*, sem edição brasileira).

tentativas múltiplas para condenar legalmente o aborto. Perante esse estado de fato (conquistas, dúvidas, voltas atrás) sentimos por momentos aparecer uma estranha resignação que talvez não queira se confessar – estaríamos diante de um muro intransponível? De qualquer forma, uma espécie de evidência desconfortável se instala em torno da dúvida diante do porvir, da lucidez desabusada diante do presente. Mais raramente, surge a esperança: a atmosfera geral é a maré baixa, os navios na calmaria, os céus cinza chumbo. "As mudanças são recobertas pelo peso dos dias" (DROIT, 1996); frente a esse peso dos dias existem diversas maneiras de tomar posição, e os próprios pesquisadores estão marcados pela dureza do clima intelectual, constrangidos pela dificuldade de inventar novos conceitos. Num contexto moral e intelectual relativamente triste, no qual se apaga a presença de pensamentos fortes e figuras maiores, a criatividade se torna mais rara. Os desastres, a guerra, a inelutabilidade do desemprego constroem céus imóveis. São tachados de utópicos, de arcaicos aqueles que ingenuamente se perguntam ainda "como sair dessa". O presente não é sequer sombrio, está na palidez lívida de espaços que não existem, e o indivíduo parece desarmado, inapto a pensar de outra maneira, a se "desprender", segundo a expressão de Michel Foucault largamente utilizada ainda há quatro ou cinco anos e que parece agora fora de propósito.

A pesquisa sobre as mulheres e sobre a diferença dos sexos se move nesse espaço: está marcada, mesmo que não queira, pela inércia que se opõe à mudança dos esquemas, dos modelos e dos papéis, dos comportamentos, em suma. Assim, essa pesquisa parece por momentos contaminada de pessimismo; as próprias análises intelectuais demonstram a estabilidade das relações homens/mulheres, e o leitor atento às demonstrações não pode esperar transformar tudo, uma vez que os raciocínios parecem dar razão a certa invariância e à sua lucidez sobre ela.

A esse respeito, um livro fascinante sob diversos aspectos me tocou particularmente: trata-se daquele de Françoise Héritier, *Masculino/feminino. O pensamento da diferença*. Erudito, brilhante, rigoroso, válido a cada momento pela profundidade de suas demonstrações, tal livro é um modelo. O pensamento é ali abundante;

o raciocínio, lógico e sensivelmente conduzido, acerta na mosca. Os estudos ali desenvolvidos mostram claramente a invariância da valência diferencial dos sexos e fixam a memória por sua força de convicção, seu sistema de exposição. Esse livro se impõe; no entanto, saí dessa leitura algo inquieta, angustiada.[35] É por causa dessas fortes impressões que desejo compreender por que a leitura de *Masculino/feminino* despertou em mim inquietude e pessimismo. Em minha opinião, esse livro sutil e exigente preenche um espaço preciso, aquele de uma expectativa que pode ser satisfeita nesse momento preciso de uma história em que os espíritos estão a um só tempo desencorajados e desejosos de pontos de referência.

Explico-me: esse livro mostra com convicção como a valência diferencial dos sexos dominada pelo mundo masculino se inscreve invariavelmente no funcionamento mais profundo das sociedades; pontos de referência bastante fixos são dados com precisão como invariantes; Françoise Héritier (1998, p. 9) escreve: "são estas raízes que gostaria de expor aos olhares já que não as posso extirpar". A autora se engaja e denuncia ao mesmo tempo, desde sua introdução, a "aderência cega" com que as sociedades subscrevem aos conjuntos de representações que parecem geri-las. Antropóloga, acrescenta que "já seria um grande progresso se essa aderência não fosse mais cega" (p. 10). Só podemos subscrever a essas palavras e tomar a peito essas asserções que encorajam a lucidez. Mas, refletindo, somos tomados de vertigem em face do minúsculo espaço que resta ao leitor. Não ser cego, ok, mas que fazer desse olhar lúcido se tudo parece determinado e fixado? Ainda mais que a autora precisa em seguida que essa valência diferencial não pertence apenas ao domínio biológico e explica como se estabeleceram tanto instituições sociais quanto sistemas de representação do pensamento. Precisando mais longe que "todas as combinações logicamente possíveis, nos dois sentidos do termo – matemáticas, pensáveis –, foram exploradas e realizadas pelos homens em sociedade" (p. 12), Françoise Héritier

---

[35] A respeito dessa inquietação, expliquei-me, em presença da autora, por ocasião de um debate acerca do livro no centro Georges Pompidou; em presença igualmente de Rose-Marie Lagrave e de Roger Rotmann. O que escrevo aqui foi portanto dito em público e debatido com a própria Françoise Héritier em 10 de abril de 1996.

provoca uma inquietação suplementar, mesmo se toma o cuidado de acrescentar que existem, aqui e ali, falhas, aberturas e negociações lance a lance em certos momentos precisos de qualquer sociedade.

Estruturalmente construída, a diferença dos sexos se torna, sob nossos olhos e sob a pena convincente da autora, um objeto dificilmente móvel; essa posição intelectual deslumbra e desencoraja ao mesmo tempo. Se é assim, as perspectivas de uma mudança qualquer parecem longínquas e isso corre o risco de reassegurar aqueles que, de fato, pensam que não podemos nada ou quase nada contra a ordem das coisas, aqui a ordem dos sexos. Não é a posição pessoal da autora – conhecida, aliás, pela orientação de seu engajamento público e político –, mas a própria evidência com que ela coloca essa valência diferencial dos sexos que provoca um mal-estar e pode, sem dúvida, produzir um estranho efeito sobre certos leitores ávidos de certeza, de segurança. O que fazer contra "invariantes"? Por que e por quem lutar?

É verdade que, diante desse livro, reajo como historiadora, essencialmente preocupada com movimentos, mudanças e rupturas. São eles que podem eventualmente fazer violência a essa diferença inigualitária dos sexos, "bloqueio do pensamento", mostrando como os fenômenos sociais e os comportamentos coletivos estão às voltas com múltiplas tensões, resistências e violências que os transformam e deslocam. A interrogação historiadora deixa lugar para os imperceptíveis movimentos, para a multiplicidade das experiências sociais, para a pluralidade dos destinos singulares, para as estratégias que permitem breves transtornos ou ainda para os diferentes modos de subjetivação dos indivíduos que por vezes deslocam sua identidade. O mundo do historiador conta as normas, as restrições e a fixidez das regras, mas o faz desentocando a multiplicidade dos possíveis, os caminhos inacabados mas tentados, as astúcias dos homens e das mulheres, seus impasses e seus fracassos. Seu campo é da ordem do movente. A propósito de *Masculino/feminino*, o historiador pode então tentar algumas escapadas, lá onde o livro deixa algumas aberturas. Com efeito, Françoise Héritier sublinha, em certo momento de sua exposição, que os "atores sociais" têm um papel a desempenhar. Podemos perguntar, por exemplo, como as injunções fortes do poder simbólico, social, político, mítico ou religioso se inscrevem na fluidez dos comportamentos, quais as partes dos deslocamentos ou das rebeliões, mesmo que furtivos e sem finalização, ou ainda que jogo por vezes se organiza entre a indiferença à ordem imposta, severa, aparentemente invariante e o agenciamento improvisado (ou inventado) de situações mais ou menos afastadas dessa ordem. Se, como escreve justamente Françoise Héritier, existem em diversas situações negociações lance a lance e se nenhum sistema vai até o fim de sua lógica, é sem dúvida possível, como historiador ou como ator social, inventariar esses momentos em que as coisas se "refazem", se reempregam, eventualmente se desentortam em relação à estrutura original. A procura de miríades de acontecimentos minúsculos permite entrever o desregramento da regra. Então se coloca a questão: não é o número de desobediências à regra que se torna a regra e que impõe de fato outra paisagem? Alain Bensa (1996, p. 42) recentemente refletiu sobre a ligação entre a micro-história e a antropologia, o que lhe permitiu escrever: "Quando a antropologia postula a homogeneidade do social unicamente a partir da justaposição de suas observações organizadas em capítulos, esmaga os fatos, despoja-os de sua profundidade, de sua natureza contraditória". O historiador pode se aproveitar dessa observação: com efeito, podemos observar os rituais e seu peso sem deixar de constatar que não cessam de recompor sua encenação de acordo com o surgimento de certos acontecimentos pontuais; a observação das mudanças autoriza talvez a subverter a fatalidade do sentido a que a análise estrutural induz. O singular, o ato solitário e desregrado, as estratégias e o conjunto das posturas decidíveis diante de um momento social específico podem sacudir o que parece imóvel, deslocar as expectativas, reformular as composições estabelecidas.

Para além mesmo do conteúdo do livro e dos meios que um historiador tem para se instalar nas brechas de seu discurso, reflitamos um pouco sobre a potência do modelo proposto. O livro é forte, convincente, é difícil não se sentir a um só tempo de acordo com ele e, no entanto, perturbado pelos efeitos da análise. Em suma, é "sedutor" porque traz, a um mundo órfão de referências e de raciocínios fortes, um pensamento sólido que com lucidez parece igualmente explicar a seu público as razões de nosso fracasso ao querermos transformar esse modelo tão dominante e pouco móvel da diferenciação desigual dos sexos. Isso tem algo de tranquilizador num primeiro momento e talvez venha confirmar uma convicção íntima que não ousava se afirmar. Se está demonstrado, serena e inteligentemente, que a diferença sexual valorizada do lado masculino marca um "bloqueio do pensamento" e funciona como uma invariante, toda uma parte de culpabilidade possível diante do fixismo das coisas pode desaparecer e se fundir num pensamento da lucidez um pouco resignado. Foi o que senti lendo esse livro: o consolo do "então é assim" cedendo imediatamente lugar à inquietação do "como sair disso?". Para resistir, apoio-me como historiadora na observação de figuras imprevistas, de movimentos improváveis mas perceptíveis, numa heterogeneidade visível do conjunto dos acontecimentos e dos fatos sociais, no estudo particular de momentos em que as situações se invertem, se desequilibram e forjam uma memória ativa que permite a outros momentos e acontecimentos se renovarem, se transformarem. O passado é composto; mas se decompõe e se recompõe constantemente por pedaços e inventa um presente que permanece indecidível. Esse livro é, portanto, importante porque permite abrir um debate sobre o presente e solicita as outras disciplinas para o caminho tão difícil da designação das estruturas de nossas sociedades.

Numa outra perspectiva, reservada ao estudo dos romances, o livro *Estados da mulher. A identidade feminina na ficção ocidental*, da socióloga Nathalie Heinich, vai ao encontro também de algumas das preocupações da disciplina histórica, mas questionando-a. Servindo-se de uma abordagem dita estrutural dos romances da cultura ocidental, a autora trabalha sobre o conteúdo narrativo das obras como se se tratasse de mitos, decidindo não se preocupar com a forma da escritura nem com a qualidade dos textos, nem mesmo com a temporalidade social e cultural em que são enunciados. A escolha metodológica é claramente transmitida, e a abordagem cuidadosamente exposta desde a introdução. Claro, a autora sabe que existem fatores históricos, mas entra pouco nessa perspectiva historicizante; sua preocupação é a de fazer um levantamento das "estruturas elementares da identidade feminina", aquelas que se apresentam a partir de então como invariantes e esquemas restritivos. Estabelece flexivelmente um espaço dos possíveis, no qual podem se autorizar as "diferentes maneiras de ser uma mulher" num romance. Esse espaço está circunscrito a temas e a estados bem analisados, cada estado excluindo todos os outros. A postura intelectual escolhida no início do empreendimento imobiliza os estados e as situações de mulheres. Nathalie Heinrich sabe que pode ser criticada pela ausência de visão interativa e se explica a esse respeito. Para ela não existe oposição entre esses dois conceitos, uma vez que "há articulação entre a estabilidade das estruturas restritivas e a passividade das interações", assim, "as ações dos indivíduos se fazem num espaço dos possíveis devidamente estruturado" (HEINRICH, 1996, "Introduction"). Por isso, mesmo que haja desvios e deslocamentos, isso não impede que estes sejam minuciosamente regrados em espaços mais ou menos definidos.

Essa abordagem suscita algumas reflexões: como ver e pensar aquilo que muda, seja nas sociedades ou nas ficções? O advento do singular, a singularidade são acontecimentos que modificam a multiplicidade das experiências sociais e literárias e deslocam irresistivelmente a ordem das coisas. Nessa nova desordem ordenada se inventam outras normas, outras formas, outros desvios que abrem brechas e cujos traços podemos seguir. O campo dos possíveis pode ser sacudido e agenciado de forma diferente da prevista por modos de subjetivação singulares que desfazem identidades estruturadas para criar outras. Pensar o que muda é também pensar a ligação entre essa mobilidade e a afirmação das normas – sejam aquelas da dominação sexual ou tantas outras. Existem na realidade histórica, como na realidade ficcional, cenas singulares e acontecimentos em que os sujeitos se constituem entre a recusa de sua identidade e a afirmação de uma outra posição rematada sob o efeito de práticas e atitudes novas. Esses desvios deslocam não apenas as realidades, mas as representações que fazemos delas.

É certo que, no domínio da história das mulheres, o lugar ocupado pelas representações e as imagens é extremamente importante, pois é verdade que, nas fontes, estas são mais fáceis de desentocar do que as realidades. Mas podemos retomar aqui certas críticas feitas há poucos anos por Jacques Rancière (1993b, p. 1011-1018) à história das mulheres. Com efeito, a análise incessantemente comentada das imagens estereotipadas a respeito da mulher não acaba – mesmo em suas formas de denúncia – por pesar tanto sobre a observação do masculino e do feminino que corre o risco de imobilizar todo pensamento, toda pesquisa nova, todo meio de observar escapes e inversões? Imagens, figuras, mitos, representações não podem indefinidamente dar conta de tudo e envolver o conjunto do real com seu revestimento imóvel. Sob as representações, os fatos surgem, novos, insólitos, a serem decifrados em sua estranha construção, por seu poder de desconstrução, a fim de que sejam devolvidos a seu lugar.

Muito diferente, outro livro suscitou em mim interrogação e mal-estar: *Cendres d'immortalité. La crémation des veuves en Inde*, de Catherine Weinberger-Thomas. Seu projeto é o seguinte: compreender do interior a tradição indiana que celebra as satis, essas viúvas que partem para serem queimadas vivas na pira funerária de seus maridos, trajando seus vestidos de noiva. O estudo é de uma profunda e fina erudição, e as estadias da autora na Índia (ela conhece perfeitamente o híndi) marcam a escritura da obra. O estilo é soberbo, fluido, e tem essa maneira particular de arrastar o leitor a zonas mescladas de maravilhoso e de temor, de perturbação e revolta, de piedade também. É essa mescla complexa de sensações que tive durante a leitura que suscita aqui alguns pensamentos. Sejamos claros: não sendo indianista, senti-me justamente atraída por esse livro para compreender o que atravessa, política, social e sexualmente uma sociedade quando sobrevém esse acontecimento, para mim traumático, da ordem do horror e estranho a todas as concepções familiares dos direitos do homem. Ler esse livro era para mim a um só tempo saber e compreender, e ser ajudada pela análise da autora a entrever o que tinha permitido ao sistema indiano chegar a essa realidade.

É na via antropológica e por vezes psicanalítica que Catherine Weinberger-Thomas se engaja para reter e analisar esse rito sacrificial, com valor de expiação. O fogo, escreve, sela alguma coisa que pertence à ideologia do casamento hindu e à culpabilidade inerente ao estado de viuvez. O amor e a fidelidade arrastam o morto e a viva num voto total em que a morte do marido é interpretada como signo dos pecados da esposa. É um sacrifício, e o rito acarreta liberação, salvação; faz-se por determinação da viúva, que sofre as pressões de uma norma social, e não é considerado suicídio. A vontade de realizá-lo provém muitas vezes de um sonho tido pela mulher, sonho que funciona como uma prova do ato a empreender. Vestida nupcialmente, a viúva morre em negação da viuvez e reencontra a transcendência do matrimônio e do amor acompanhada por uma multidão cujo fervor organiza coletivamente a passagem para o divino. Pela cremação, a sati se torna deusa.

Sobre o conteúdo e a forma simbólica desse rito, ficamos inevitavelmente convencidos pelo estudo aprofundado da autora. Entretanto, uma reticência sobrevém, suscitada essencialmente pela forma da escritura e pela ausência de certas questões perturbadoras a colocar ao funcionamento da sociedade estudada. A escritura, com acentos poéticos e numa linguagem bastante inventiva, tem por efeito transcender o ato da cremação, arrebatando-o num relato quase esplêndido e atraente. A *démarche* quer compreender e se abster de qualquer julgamento moral. Entretanto, algumas questões vêm imediatamente ao espírito e à sensibilidade. O que é então compreender, e qual o sentido de um rito, se não se julgam seus efeitos? É forçosamente falacioso e pouco rigoroso sentir-se revoltado por essa prática, mesmo se ela possui sentido, aquele que a autora nos explica? Por que, se o livro não julga, a escritura deixa escapar, por alguns instantes, palavras, adjetivos, pedaços de frase, brilhos que obrigam à fascinação pelo objeto estudado? Que a cremação das viúvas na Índia revela um "enigma cultural" (WEINBERGER-THOMAS, 1996, p. 214), uma ordem do mundo de simbolismo eficaz, tudo bem, mas essa ordem, queiramos ou não, é uma ordem hierárquica, dissimétrica e inigualitária. O viúvo geralmente não sobe à pira;[36] e, se subisse, isso colocaria também infinitas questões sobre o sentido desse ato, sobre o funcionamento político e social das sociedades

---

[36] "A ideia de uma simetria é impensável para o hindu tradicionalista", escreve C. Weinberger-Thomas (1996, p. 128), e acrescenta numa nota que "existem, no entanto, alguns casos de homens que acompanharam suas esposas na morte" (p. 242, n. 84).

concernidas. Talvez falte a esse livro, para que seja realmente claro aos olhos de europeus pouco conhecedores em matéria de indianismo, um aspecto político: uma análise do Estado indiano com suas resistências, suas normas, seus ritos e suas convulsões, seus laços com o Ocidente. Podemos mesmo nos perguntar: para que serve hoje esse estabelecimento ritual, ou antes sua lembrança; o que se mantém ainda no lugar na Índia sobre a memória desse ato (proibido em 1829 por uma lei do império colonial inglês) que se tornou raro mas continua presente nas consciências; de que laço social se trata quando se contempla – mesmo no passado – esse rito mortífero e inigualitário; que mal-entendido – se mal-entendido há – se organizou com o pensamento ocidental e, sem dúvida, com certa oposição na sociedade indiana?

O objeto "cremação das viúvas na Índia" exige que nos interroguemos também sobre sua significação política. Com efeito, o sentido simbólico dado não pode esgotar o conjunto das condições sociais, políticas, religiosas que o constituem. As práticas costumeiras estão necessariamente em interação constante com o olhar fixado sobre elas e as novas apostas ou interesses que se definem numa sociedade. Aí, também, os lugares são moventes, e gostaríamos de conhecer tudo o que se opõe à imobilidade desse rito. A ordem das coisas nunca é fixa: ela se produz e se reproduz, se transforma e se recusa.

A ordem das coisas jamais é um dado: essa frase poderia servir de conclusão a esta curta viagem através de alguns livros sobre as mulheres e a diferença dos sexos. Como, a partir de então, em história, e em história das mulheres, atravessar essa dificuldade colocada por diversos trabalhos em que vêm se interpor formas invariáveis de dominação masculina? Não seria preciso tentar fazer um levantamento, inventariar, como um geógrafo, todas as experiências singulares que constituem exceções às leis, aos ritos, às normas; avançar em direção aos lugares onde se pode ler a transformação nas lógicas do social; reconstituir os momentos em que a instabilidade, o desequilíbrio, as recusas dão novas arquiteturas às estruturas aparentemente fixas?

Podemos colocar como hipótese de trabalho que a análise política é muitas vezes de grande ajuda nessas tentativas de pesquisa: isso se vê bem no livro de Francine Muel-Dreyfus, *Vichy et l'éternel féminin*. A filosofia social de Vichy, explica a autora, é com efeito um retorno às hierarquias, às comunidades e às "pequenas pátrias": no interior destas, a mulher deve assumir uma posição *dita* eterna. Esse eterno feminino é um esquema, abastardado de concepções míticas e religiosas, mas é *também* o produto de uma visão que "deve muito a um passado recente de lutas [...] a lógica da razão mítica se inscreve nesses conceitos eminentemente políticos" (MUEL-DREYFUS, 1996, p. 14).

O eterno feminino é construído; está demonstrado que não se impõe e não pode ser isolado do resto do pensamento sobre o mundo. É uma representação cuja história podemos explicar e que não é necessariamente aceita por todas nem por todos; forja-se através das recusas e das tomadas de posição e nada tem de inelutável. O "eterno feminino", certamente, se tornará um *topos* retomado por uma quantidade de gerações; a análise política de seu estabelecimento retira aquilo de que o próprio vocabulário o carregou: sua eternidade. Esta é desejada por aqueles que acreditam nessa visão do mundo; a realidade desafia sua estrutura.

A história da diferença dos sexos é a história de uma experimentação social constantemente renovada entre o mundo masculino e o mundo feminino. É fazendo o relato dessa experiência de configurações variadas, mesmo que muitas vezes dominadas pelo mundo masculino, que podemos encontrar o heterogêneo e decifrar momentos de história em que as relações de força entre os sexos se discutem e se constituem de maneira diversa da anterior. O litígio, o desentendimento e o desejo entre os sexos organizam uma infinita variedade de relações, elas próprias entretidas pelo poder e pela política (FRAISSE, 1996a, p. 251-261).[37] As paisagens entrevistas nunca têm as mesmas cores. A parte das mulheres e aquela dos homens se fazem entre os enganos e as decepções, as conquistas feitas e as potências denegadas; mantêm a comunidade social da desordem e da ordem de suas relações e a comunidade política as informa e as

---

[37] "O importante é criar um espaço de inteligibilidade e de inteligência para pensar este delicado objeto de história que é a relação entre o sexos, amor e guerra, mal-entendidos e violências." Cf., da mesma autora, *La différence des sexes*, 1996b.

inflecte com seus interesses e apostas. Homens e mulheres juntos e separadamente tocam partituras cerradas; experimentam situações que têm uma história atribulada. Essa história atribulada permite ao presente não ser certo: a diferença dos sexos é uma experimentação, não uma fatalidade. Ainda mais que com ela sobrevêm o desejo e o amor, duas realidades históricas também, infelizmente, bastante recalcadas na história das mulheres.

Dos historiadores Bouvard e Pécuchet

Trata-se do capítulo IV de *Bouvard e Pécuchet*[38]: "Arqueologia e história". Os dois compadres deixaram o mundo da quimera: "Seis meses mais tarde, tinham-se tornado arqueólogos, e sua casa parecia um museu". Flaubert os quis primeiro agricultores, depois químicos, ei-los agora arqueólogos e historiadores. Mais tarde serão ainda muitas outras coisas, passando de ciência em ciência, buscando o impossível e as formas do possível. Flaubert não os quer imbecis, mas procura mostrar que a verdade não jaz em lugar algum e que bem pretensioso e arrogante é aquele que acredita saber onde ela se aloja.

Assim, o capítulo IV se encarrega da história, da pesquisa histórica, do desejo de conhecer e de descrever o passado, da sede do ancestral, da construção da certeza de que o que se passou efetivamente se passou assim, numa objetividade de boa aparência, tranquilizante. O passado não pode trair; as coisas, os seres, os acontecimentos podem se reconstituir. Se esse capítulo sustenta a história tal como a vivem, a buscam, a estudam Bouvard e Pécuchet, ele sustenta também as convicções de Flaubert e reflete por breves momentos um percurso historiador que poderia, no limite, ser aquele de todo historiador.

O percurso de Bouvard e Pécuchet é simples, o que devemos a seu autor que se explica por notas sugestivas em seus planos e roteiros. Aqui, todas as formas de relação com o passado são

---

[38] Tradução brasileira de Marina Apenzeller: *Bouvard e Pécuchet*. São Paulo: Estação Liberdade, 2007. (N.T.).

examinadas por nossos dois compadres: para encontrar a verdade do antigo, não poupam nem seu tempo nem os meios a utilizar e perfazem um trajeto que os historiadores de hoje podem reconhecer, com acentos que fizeram seus, antes de se abandonarem a outros, passando de debate em debate, de grades de interpretação em grades de interpretação para que enfim alguma coisa do real passado se desenhe firmemente.

Nesse capítulo IV, a pena de Flaubert contém derrisão, zombaria, um olhar apiedado e irônico diante de tanto ardor que não leva a resultado algum. O que não é o caso dos historiadores de hoje, que, reinventando suas expectativas e seus questionários, estão longe da derrisão, mas tomam lugar na seriedade do debate crítico.

Seguir Bouvard e Pécuchet em sua vontade de apreender as formas do passado é também olhar para nós mesmos, que, como eles, chegamos a acreditar, e ainda acreditamos, em formas de saber que propõem pedaços tangíveis de verdade. Em resumo, Bouvard e Pécuchet tomaram três direções, três maneiras de querer saber: primeiro, quiseram que o saber sobre o passado os fizesse parecer, eles e sua morada, com esse passado através da apropriação de objetos antigos, de traços visíveis, a visita a monumentos, a acumulação psicológica e febril de tudo o que viveu anteriormente. Essa primeira forma de saber os lançou bastante rápido à sua ignorância dos fatos do passado.

Num segundo momento, procuraram saber *sobre* e não mais organizar semelhanças. Mas, logo despeitados pela impossibilidade de tudo saber, tudo dizer, tudo refazer, tudo recompor, uma terceira maneira se impôs a eles: quiseram fazer eles próprios a história, isto é, compor *uma* história. Nova esperança, novas emboscadas. Retomemos essas três maneiras de entrar em história, de querer descobri-la ou vivê-la, pois, apesar da ingenuidade dos procedimentos, alguma coisa delas nos pertence ainda.

Bouvard e Pécuchet querem saber "o antigo" como quem guarda um tesouro

"Sua casa parecia um museu"; um museu sem ordem nem classificação, onde peças heterogêneas atulham cada recanto da casa.

Não há aí nenhuma ordem, nenhuma disposição das coisas que siga uma possível cronologia ou uma improvável temática.

> Contra a parede em frente, dominando dois trasfogueiros e uma chapa de lareira, uma escalfeta que representava um monge conversando com uma pastora. Sobre diversas prateleirinhas ao redor, viam-se archotes, fechaduras, cavilhas, porcas. O chão desaparecia sob cacos de telhas vermelhas. Uma mesa, ao centro, exibia as curiosidades mais raras: a carcaça de uma boina da região de Caux, duas urnas de argila, medalhas, um frasco de vidro opalino.

Em outros quartos jazem outros materiais empilhados: sente-se o encarniçamento em procurá-los e expô-los, em dispô-los por toda a parte, acumulá-los quase neuroticamente, como se os dois homens tivessem a ingenuidade de pensar que uma ciência histórica acabará por existir se juntarmos tudo o que fez a ordem e a desordem da história. A reconstituição se faz por acumulação, apropriação, vontade de posse. Flaubert falará, para zombar disso, de "quinquilharia". Certamente, podemos nos tornar quinquilheiros quando concebemos a história como um vasto mercado de vestígios que bastaria guardar ou olhar.

Um pouco mais tarde, Bouvard e Pécuchet vão se preocupar com livros, escritos, árvores genealógicas e bibliotecas. Com o escrito e a potência das evocações genealógicas, captura-se melhor a história, pensam eles, e, avançando no saber, acreditam enfim ver a história: "Pécuchet, de sua cama, percebe tudo isso de enfiada – e por vezes ia mesmo até o quarto de Bouvard, para alongar a perspectiva". Que historiador não sonha "tudo perceber de enfiada"? Na sua casa atulhada de objetos desclassificados e de estátuas, como aquela de São Pedro com uma chave abrindo o Paraíso, portanto a história, Bouvard e Pécuchet organizaram um saber que se quer imediato: na casa deles, "vê-se" a história.

Mas nem tudo entra numa casa e, nessa loucura de tudo ver, de tudo apreender pelos sentidos, é-lhes preciso ainda fazer visitas, portanto sair, ir lá fora, para ver a história viva em suma, na praça pública. Ver o quê? Primeiro, como não poderia deixar de ser, a Idade Média, com as catedrais, as ogivas, os capitéis, as artes flamejantes ou românicas. A notação flaubertiana é interessante: o amador de história (e não necessariamente o especialista) é, com efeito, muito atraído pelo período medieval, emblemático, santo, eclesial, feudal, sempre exaltado pela perfeição de suas catedrais, mesmo que por vezes sinônimo de barbárie. Bouvard e Pécuchet servem-se das representações mais gastas, mas com inquietação, pois, nessa busca pelo monumento, seu espírito "se embaraça" no que lhes é revelado sobre os momentos de decadência assim como sobre aqueles de pureza. A decepção mergulha-os na incerteza, sentimento que é sempre uma provação para todo aquele que tenta fazer história.

Ver as catedrais, os castelos, os solares, reconhecer os estilos, contristar-se com as decadências, tudo isso parece se organizar sobre um deserto. Bouvard e Pécuchet, através das ordens monumentais que encontram e das paisagens eriçadas de castelos e de casas senhoriais, não veem, não adivinham nem buscam nenhuma população. Até aqui, não existe nesse relato nenhum ator social. Entretanto, uma frase, uma só, vai dar uma indicação mais do que significativa sobre o conjunto desse deserto social: "Viam primeiro todo o campo, depois os telhados da cidade, as ruas se entrecruzando, charretes na praça, mulheres no lavadouro". Aqui, não estamos mais na história medieval, e a única imagem de vida percebida é uma imagem arquetípica da história construída de fato no século XIX. Se Bouvard e Pécuchet não veem nenhuma população, percebem, entretanto, a mulher no lavadouro; personagem tranquilizador, tranquilizado, submisso e ativo, que assinala, com seu surgimento, a impossibilidade real de marcar o traço verdadeiro de homens e de mulheres atores da história. Há telhados, ruas, igrejas, charretes, praças, casas e mulheres no lavadouro; a história está no lugar...

Não há dúvida de que o conjunto dessas visitas faz avançar o saber de nossos dois amigos, a ponto de se perceber que progridem em conhecimento, em aquisições: algo de uma possível classificação, de uma ordem cronológica coloca-os na via de um saber mais amplo, mais informado. Mas seu progresso no saber é traiçoeiro: faz inegavelmente com que tropecem na ignorância e sobretudo na impossibilidade, de fato, de reconstituir momentos de história que seriam *puros*, já que não tardam a reconhecer todas as marcas de apagamento, de vandalismo, de decadência que escandem seus períodos. Nada na história é imóvel, tudo é movente, e essa descoberta provoca um sofrimento profundo em Bouvard e Pécuchet. Afinal, não há como reencontrar a história intacta, o presente veio degradar o antigo, os acontecimentos vieram deformar as coisas e os momentos estáveis. O presente, por certo, destrói o passado; por essa constatação, avançamos para uma das ideias centrais do texto: a suspeita é lançada sobre um passado que jamais poderá ser desvelado em sua pureza de origem.

A busca impossível da pureza, a denegação dessa eventual realidade se aliam de maneira inquietante à falta de certeza: "o estilo de um monumento nem sempre está de acordo com sua suposta data". Essa falta de concordância, de coincidência, não é interpretada aqui como um meio de ir buscar ainda mais longe o sentido dos acontecimentos, de compreender melhor as situações, mas é vivido como uma "tremida"[39] intolerável na figuração do passado, uma vagueza que jamais conduzirá ao verdadeiro. Algo que seria da ordem do não saber definitivo se infiltrou, e essa dúvida, tornada uma quase certeza, pertence também a Flaubert. Mas, antes disso, os dois amigos continuam a caminhar: após terem captado os objetos antigos, visitado os monumentos, ei-los aqui fuxicando para encontrar anedotas, ditos populares que os colocariam "no caminho certo" para o passado. A ficção, a história que se conta, a fábula que se partilha entre muitos dão uma cor ao passado: por esse viés um pouco rebelde, um pouco tingido de sedução e de troca zombeteira ou apavorante, poder-se-á tentar possuir o que foi o tempo de antes. É certamente mais alegre que suas primeiras coleções de objetos, sobre as quais a Sra. Bordin lhes diz ao visitar a casa: "Mas só se veem coisas lúgubres na casa de vocês!". A história e a morte, sabemos, são companheiras, e é preciso bastante esforço para reunir história e presente, dar-lhes sentido um pelo outro.

Mais tarde ainda, Bouvard e Pécuchet serão seduzidos pela evocação de cenas druídicas, de sociedades celtas de costumes estranhos, mas logo o tédio os toma de novo, pois tudo desliza entre

---

[39] Em francês "*bougé*", particípio passado do verbo "*bouger*", "mexer". Trata-se, no entanto, da expressão utilizada para designar uma foto tremida. As aspas são da autora. (N.T.).

suas mãos sem que possam possuir o passado. Decidem então, numa noite de lua cheia, o roubo da dorna celta enterrada num bosque de faias. Furtar aqui se torna sinônimo de posse forçada, e metonímia de um saber tão inapreensível que é preciso capturá-lo como uma presa, roubá-lo à revelia de todos, apossar-se dele à força, numa espécie de histerização do ato de apropriação.

Bouvard e Pécuchet empreenderam então uma primeira viagem com a história: aquela do desejo da apropriação absoluta dos vestígios do passado, aquela de um saber direto e brutal que passa por objetos, monumentos, papéis, coisas que se tocam, se veem, se acumulam, se desejam e mesmo se roubam para se ter certeza de as possuir. Por esse ato, a matéria da história se torna a própria história.

Claro, é um fracasso, e é preciso tomar outra direção, outra forma de vontade de saber. Em lugar de se apropriar das coisas, de reter pela posse a matéria da história, eles vão querer saber o que foi a história, o que se passou, em suma.

Bouvard e Pécuchet querem um relato sobre o passado

"Se não sabiam por onde começar a entender a cerâmica e o celtismo, é que ignoravam a história, particularmente a história da França." Assim, abandonam o desejo pelo material histórico para se aterem ao relato da história, aquele que reduz a ignorância e dá outro sabor ao saber. Sua busca se torna a de um livro que seria "a melhor história da França". Mas, a partir daí, não encontrarão mais o acordo que fazia sua alegria; um admira certas ideias enquanto o outro as tem por desprezíveis. Leem Augustin Thierry, de Genoude, Thiers, a coleção de Buchez e Roux ("mas o '*páthos*' dos prefácios, esse amálgama de socialismo e de catolicismo os enojou; os detalhes numerosos demais impediam de ver o conjunto"). Uma desconfiança se instaura diante do saber tal como é transmitido; entretanto, em 1845, sob o caramanchão do jardim, escutam os velhinhos que lhes falam de 1793, dos soldados nas estradas, da *Marselhesa*, da Convenção e dos gritos de morte. "À força de conversarem sobre aquilo, apaixonaram-se." Flaubert, com uma *démarche* certeira, aproxima Bouvard e Pécuchet da instância do presente que vem interrogar o passado, do passado que vem importunar o presente. Os dois compadres, por mais ridículos que talvez sejam, devem agora refletir sobre essa revolução tão pouco longínqua que determina sua sorte. Refletir não é mais acumular os objetos do passado, é postular um julgamento, uma interpretação sobre fatos que tiveram lugar.

"Bouvard, espírito liberal e coração sensível, foi constitucional, girondino, termidoriano. Pécuchet, bilioso e de tendências autoritárias, se declarou *sans-culotte* e mesmo robespierrista." Ei-los portanto "nas opiniões", e não mais na reconstituição fiel do passado e "o Loire vermelho de sangue de Samur até Nantes [...] os fez devanear". Tropeçam no problema da Vendeia: a dúvida os surpreende, mais que isso: "passaram a desconfiar dos historiadores". Nenhuma dúvida aqui, Flaubert se revela: a história e os historiadores nem sempre estão do mesmo lado. O saber sobre a história é um saber suspeito, pois é o saber dos historiadores. Julgamento muito duro e uma responsabilidade muito forte é atribuída aos historiadores que são culpados por fazerem "vogar as ideias" e afastarem a verdade.

Para evitar esse perigo, uma solução: a exaustividade. Bouvard e Pécuchet retomam sua ingênua segurança e decidem ter um julgamento imparcial. Sonham tudo ler (ou seja, todas as memórias, todos os manuscritos), mas renunciam logo a essa loucura. A exaustividade é impossível, a verdade também o seria? Bouvard e Pécuchet não podem ainda acreditar nisso e decidem não mais estudar os períodos próximos, com suas paixões demasiado mortíferas, para analisarem apenas aqueles muito antigos, de que forçosamente o historiador, sem paixão, sem aposta, só pode dizer a verdade, pensam eles.

Aqui, lúcida e malignamente, Flaubert entra num dos lugares-comuns do saber histórico: quanto mais se recua no tempo passado, acredita-se, mais as coisas contadas são seguras, desapaixonadas e não permitem que opiniões categóricas demais venham desfigurar o relato histórico. Se é um lugar-comum, sabe-se bem também que repousa sobre algo pelo menos de verdadeiro: hoje, cada um sabe a que ponto os historiadores do tempo presente estão submetidos à pressão da lembrança, da memória, dos sobreviventes das guerras e das atrocidades dos genocídios (Cf. CONAN, ROUSSO, 1994).[40] Assim, são suspeitos de não estarem em regra com a verdade: os testemunhos afluem ainda de toda parte para inflectir tal ou tal verdade assentada, e o tempo presente, repleto dessa memória ocultada, reage muitas vezes de maneira brutal às asserções dos historiadores. O debate é acirrado atualmente, pois alguns, sem dúvida embaraçados por uma tal vivacidade de memória, pregam um certo esquecimento, uma certa calma e a confiança nas pesquisas históricas. Flaubert não podia saber isso; contudo, Flaubert, sentindo ainda a proximidade de 1789, o pressentia.

Todas essas notações, assim como essas atitudes aparentemente ingênuas e ridículas de Bouvard e de Pécuchet dão de fato ao leitor uma impressão de análise fina dos problemas que ocupam os pesquisadores. Bouvard e Pécuchet estão longe de serem doces imbecis; com suas questões, suas escolhas móveis, realizam um longo percurso sério em que a busca pela verdade não é uma pilhéria. Que historiador, ao menos em parte, não realizou esse percurso?

Ei-los voltados com esperança para aquilo que acreditam ser a suavidade e a tranquila verdade dos tempos antigos: um novo obstáculo surge, difícil também, e muito decepcionante. Sim, a história dos tempos antigos comporta menos interpretações passionais que aquela de ontem, mas imediatamente o pesquisador tropeça severamente na raridade dos documentos. Quanto à Antiguidade, quem ignora que há tamanha falta de documentos que é preciso para compensá-la um bocado de imaginação, de inteligência, de sentido das coisas? Uma vez ainda, para Bouvard e Pécuchet desconcertados, eis a verdade que se escapa, aquela que se acreditava manter numa pureza moldada nos tempos antigos. Assim, o passado seria obscuro por falta de ciência, de conhecimentos. O passado é opaco; além disso, sua interpretação é apesentada pelo jogo das opiniões e por paixão em demasia. Aqui vemos claramente Flaubert lançar uma ideia pessoal, negando toda validade à história.

---

[40] Por iniciativa de Jacques Neefs e Claudine Cohen, as questões abordadas neste capítulo foram objeto de uma exposição no centro Alexandre-Koyré, no seminário Science et Littérature, no dia 7 de fevereiro de 1995.

"E da despreocupação com as datas, passaram ao desprezo pelos fatos": a decepção é tão grave que Bouvard e Pécuchet se voltarão para outra coisa que acreditam mais tranquilizadora: a "filosofia da história"! Há muita subversão nessa nova *démarche*: as datas, os fatos de nada servem, o real desapareceu, é preciso se fundir com a filosofia. Mal começam esse estudo, nossos dois compadres entram em severas brigas: nada mais móvel e mais contraditório que as filosofias da história. Bossuet se torna um farsante, e cada autor, grande ou pequeno, se torna suspeito: "Como admitir", objetava Bouvard, "que fábulas sejam mais verdadeiras que as verdades dos historiadores?".

Desde então o círculo está fechado, dolorosamente; as verdades dos historiadores já foram maltratadas, as "fábulas" sobre a história (no sentido de filosofia) nada têm de sensato nem de verdadeiro. Ademais, em sua "estupidez", Bouvard e Pécuchet concebem que a filosofia da história não é um discurso imóvel e que, increvendo-se na temporalidade, muda a cada época, de acordo com os acontecimentos e as instituições políticas. Sim, a filosofia da história é um discurso de ciência, mas contextualizado: pressentindo essa inflexão que os desconcerta, Bouvard e Pécuchet a negam; ao mesmo tempo, negam a história. Precisam de fixidez, de dogma, de uma bíblia: "É desejável que não se façam mais descobertas, acho mesmo que o instituto deveria estabelecer uma espécie de cânone, prescrevendo aquilo em que se deve acreditar"... "Aquilo em que se deve acreditar": eis aqui a história que poderia consoladoramente se tornar um dogma, uma crença intangível. Mas pressentem que é impossível e se tornam tristes: "Não se pode dizer tudo. É preciso escolher. Mas, na escolha dos documentos, um certo espírito dominará; e como ele varia, de acordo com as condições do escritor, jamais a história será fixada. É triste, pensavam eles".

A confissão é importante: jamais a história será fixada, e isso é uma grande tristeza. Como fazer para que ela não seja nunca dominada por "um" espírito mais do que por outro? Não podemos nos interrogar sobre essa decepção em face de uma história que Flaubert não quer de forma alguma encarar como um caminho de sentido, mas como um *corpus* fixo, intangível? Será a proximidade com a

Grande Revolução? Será o próprio Flaubert sentindo a necessidade de um relato seguro, que não deixe lugar para nenhuma derrapagem ideológica ou intelectual? E como pensar que ele não pôde buscar uma última *démarche* intelectual para conciliar a objetividade e a necessidade que cada época tem de reinterpretar o sentido de seu passado à luz de seu presente?

Flaubert, ou ao menos Bouvard e Pécuchet, tentam uma última prova: "Que tal se tentássemos compor uma história?".

Bouvard e Pécuchet escrevem eles próprios a história

Após tentarem se assemelhar à própria matéria da história, terem querido ser o monge, o alabardeiro e sei lá o que mais, foi preciso que se rendessem à razão e escapassem ao que Michel Foucault (1994m, p. 75-99) escreve a seu respeito: "A noite abre sobre a novidade idêntica do dia que nasce". Após terem querido tudo saber, tudo ler e, portanto, terem duvidado de tudo por falta de prova, de exaustividade, Bouvard e Pécuchet entram num outro querer: o querer-fazer.

Não querem mais "ser" a história, "saber" a história, mas compô-la eles próprios e alcançar nessa confecção pessoal o próprio lugar da história. "Que tal se tentássemos compor uma história?" Será a vida do duque de Angoulême, um personagem secundário sobre o qual, pensam, estarão seguros (enfim!) de tudo saber. E não importa se esse personagem é insignificante ou mesmo imbecil.

Nesse ponto da escritura do capítulo IV, um acontecimento estilístico sobrevém no relato flaubertiano. A escritura se faz diferente; o ritmo das frases é mais brusco. O texto se assemelha a uma tomada de notas, sem frases completas. Poderíamos quase falar de mimetismo em relação ao que Flaubert imagina ser o trabalho do historiador que preenche fichas e toma notas. Fazer história é trabalhar assim. Embora se trate de um trabalho biográfico sobre o duque de Angoulême, percebemos logo – nós, leitores contemporâneos – que Bouvard e Pécuchet, Flaubert portanto, entram de maneira surpreendente e profética na arte da micro-história, aquela que em sua época não existe, já que decolou na década de 1980 na Itália.

Sim, micro-história, ou ao menos algo parecido, pois encontramos a noção de observatório social, de personagem secundário que se torna representativo e da parte tomada pelo todo. A amostra observada é muito reduzida, mas as questões que lhe são colocadas são muito amplas, a fim de que nossos historiadores tenham enfim a certeza de tudo saber para poder dizer tudo.

Tudo toma uma forma lapidar, os menores fatos insignificantes são anotados, datas são apostas, coisas inúteis somam-se a acontecimentos sem grandeza. Tudo isso rapidamente.

> Detalhes íntimos – traços do Príncipe:
> No castelo de Beauregard, em sua infância, teve prazer em cavar junto com seu irmão um laguinho que ainda se vê. Uma vez, visitou a caserna dos caçadores, pediu um copo de vinho e bebeu-o à saúde do Rei.

Vê-se, é uma *démarche* bem rudimentar que escandalizaria os historiadores de hoje em dia, entretanto é uma tentativa... O privado se mescla ao público sem projeto, sem ordem, sem interpretação, no caos das anotações rápidas. É claro, para que o projeto flaubertiano vá até o final de sua lógica é preciso que num momento preciso tudo se desfaça ou ao menos se torne de novo impossível. Bouvard e Pécuchet vão procurar retratos do duque, entrando por aí na veracidade do personagem. Pra quê! O bibliotecário lhes mostra dois: num o duque tem os cabelos lisos, no outro, crespos... "Questão grave", segundo Pécuchet, "pois a cabeleira dá o temperamento; o temperamento o indivíduo." Decepcionados, Bouvard e Pécuchet voltam para casa e brigam em frente a um armário quebrado e a uma garrafa de calvados, bebida não se sabe por quem. Será o fim da história, em todos os sentidos da palavra, pois será também o fim do capítulo: "Não sabemos", diz Bouvard, "o que se passa em nossa casa e pretendemos descobrir quais eram os cabelos e os amores do duque de Angoulême!". "Encomendemos alguns romances históricos!" E passamos ao capítulo V.

A prova era impossível, a verdade não pode nem mesmo se fazer por si, como faria lei em história? Só a fábula, a ficção podem eventualmente convir. Em suma, a história não pode existir: é a constatação mais niilista possível após um discurso verdadeiramente autêntico em que dois homens quiseram ser, quiseram saber, quiseram fazer, para terminar recusando tudo e tomando o caminho do romance.

Em "*Theatrum philosophicum*", Michel Foucault (1994m, p. 75-99), falando de Bouvard e Pécuchet, escreve: "Eles confundem todo o real com todo o possível", assim, exigem da história o que não é a história. Com efeito, a história é essencialmente e por definição uma dinâmica de sentidos que se constrói com procedimentos de veridicidade, uma *démarche* rigorosa sobre outrora que trabalha com as interpretações mais sérias, para fazer do passado um relato que guie o presente e se aloje nos espaços do verdadeiro.

Nos planos e roteiros escritos por Flaubert e em suas notas tomadas sobre a história, a construção teórica é firme, abrupta, categórica. Flaubert, em seus roteiros, constitui uma ideia muito forte da história. Para ele, "saber a história" é um dever e uma meta, mas que coloca problemas; Flaubert tergiversa pouco, apoiando-se em grandes historiadores e demonstrando graças a eles que a história é de fato impossível. Lendo e relendo Michelet, adquire a certeza desesperada de que a história é sempre um julgamento e, portanto, falsa. Se acontecesse de um historiador ser imparcial, não escreveria, pensa Flaubert, porque todo historiador, ao compor uma obra, só o faz para sustentar um julgamento pessoal. A constatação é acerba. A história, se é julgamento, não é mais uma ciência: essa asserção é prenhe de consequências, mesmo se compreendemos bem que a potência da lembrança da Revolução e de seus efeitos pesa sobre os ombros de todos os contemporâneos. Assim, não se crê mais na história, sem entrever que a ciência e a interpretação podem, em certas condições muito claras, ser companheiras ou mesmo se fundir.

Em seu quinto roteiro há essa frase desabusada que fustiga "a tolice da pequena história e a vagueza da grande". A busca histórica é uma miragem, ainda mais que, acrescenta, "a paixão e o sentimento desnaturam os fatos, mas se alguém fosse imparcial, escreveria?". Nesse ponto do raciocínio, podemos nos perguntar se Flaubert não traça sua própria imagem: sua paixão e seus sentimentos pessoais não se sobrepõem também à sua objetividade e ao seu rigor e não desnaturam os julgamentos que faz? Não é também por ser ele próprio pouco imparcial a respeito do saber que se serve de Bouvard e Pécuchet como provas de que tudo é impossível? Os *a priori* em história são, com efeito, o contrário do espírito científico, mas tudo se tranca a partir do momento em que Flaubert acrescenta que toda investigação científica esbarra em (ou se torna) um *a priori*. Impasse desejado e decidido; ceticismo e desengajamento.

Através de Bouvard e Pécuchet, Flaubert pensa não poder dar ordem a um saber que seria tão completo quanto possível, pois a ordem significa sempre julgamento. A partir de então, tenta, sem sucesso, "recuar ao princípio do tempo", sem os intermediários que são os historiadores, para se deixar levar pelo murmúrio das obras e das provas e existir nessa persistência. A cada vez, o historiador ou o narrador de história se torna um ser incômodo, e Bouvard e Pécuchet continuam sua busca como crentes: "São santos", dirá Foucault. Mas nisso são o que Flaubert não pode ser: um crente. Assim, terminarão por copiar todos os livros para não colocar nenhum tempo, nenhum espaço nem pensamento entre o livro e eles, para alcançarem o que *está* nos livros sem serem afetados pelo que se agita neles. O escrito se torna uma ladainha inaudível e sem limites; estabelece-se uma visão fantástica da história em que o que é impossível realizar se torna o único meio de fazer. Flaubert tentou, portanto, todos os métodos, aplicando-se a cada um deles com fraqueza e raiva, pois nenhum lhe permitia ser a testemunha objetiva do passado. A história está fadada à opinião, pensa ele, e nada pode contar de fiável.

De fato, a história está fadada à construção de seu objeto; sua elaboração é um processo social, necessariamente coletivo, que estabelece vínculos, cada vez revisitados, entre os homens do passado e aqueles do presente. "Observando o que foi perdido através do que foi ganho, a historiografia se desgarra. [...] Acredito não haver outra história além daquela que fala de nós", escreve Bartholomé Clavero (1996, p. 3). Com efeito, buscando conhecer outro tempo, não escapamos ao nosso, e, se este último, como o faz hoje, se arranca brutalmente do passado, a história se engaja também nessa "realidade" para encontrar seu sentido.

Referências

ARIÈS, Philippe. *Essais sur l'histoire de la mort en Occident du Moyen Âge à nos jours*. Paris: Ed. du Seuil, 1975. (Tradução brasileira: Priscila Viana de Siqueira. *História da morte no Ocidente*. Rio de Janeiro: Ediouro, 2003)

AUDISIO, Michel; CADORET, Michelle; DOUVILLE, Olivier; GOTMAN, Anne. Anthropologie et psychanalise: rencontre à construire. *Journal des Anthropologues*, n. 64-65, été 1996, p. 127-142.

AUDOUIN-ROUZEAU, Stéphane. *14-18, les combattants des tranchées: à travers leurs journaux*. Paris: Armand Colin, 1986.

AUDOUIN-ROUZEAU, Stéphane. *L'enfant de l'ennemi 1914-1918*. Paris: Aubier, 1995.

BAILLY, Jean-Cristophe. La beauté de Marion. In: *Le Paradis du sens*. Paris: Bourgois, 1988, p. 117-122.

BAILLY, Jean-Cristophe; NANCY, Jean-Luc. *La comparution*. Paris: Christian Bourgois, 1991.

BARBIER, Edmond Jean François. *Journal historique et anecdotique du règne de Louis XV*, publicado por VIRLEGINE, A. de la. Paris, 1849, 4. v.; t. II.

BARTHES, Roland. (1951) *Michelet, l'histoire et la mort*. In Oeuvres complètes, t. I, "1942-1965". Paris: Éd. du Seuil, 1993, p. 91-102.

BENSA, Alain. De la micro-histoire vers une anthropologie critique. In: REVEL, Jacques (Dir.). *Jeux d'échelles. La micro-analyse à l'expérience*. Paris: Gallimard/Éd du Seuil, 1996, p. 37-70. (Col. Hautes Études)

BLOCH, Marc. (1949) *Apologie pour l'histoire ou métier d'historien*. Paris: Armand Colin, 1993. Préface de J. Le Goff. (Tradução brasileira: André Telles. *Apologia da história ou o ofício do historiador*. Rio de Janeiro: Jorge Zahar, 2002.)

BOLTANSKI, Luc; GODET, Marie-Noël. Messages d'amour sur le téléphone du dimanche. Les modes d'engagement face à la souffrance, *Politix*, n. 31, 1995, p. 30-76.

BONNEFOI, Yves. La lucidité des chimères, *Le Monde*, 16 fev. 1996

BOUTIER, Jean; JULIA, Dominique. *Passés recomposés. Champs et chantiers de l'histoire*. Paris: Autrement, 1996. (Tradução brasileira: Marcella Mortara e Anamaria Skinner. *Passados recompostos. Campos e canteiros da história*. Rio de Janeiro: Ed. UFRJ/Ed. FGV, 1998.)

BOURDIEU, Pierre (Dir.). *La misère du monde*. Paris: Ed. du Seuil, 1993. (Tradução brasileira: Mateus S. Soares de Azevedo *et al*. *A miséria do mundo*. Rio de Janeiro: Vozes, 1997.)

BOURDIEU, Pierre. *Raisons pratiques. Sur la théorie de l'action*. Paris: Éd du Seuil, 1994. (Tradução brasileira: Mariza Corrêa. *Razões práticas. Sobre a teoria da ação*. Campinas: Papirus, 1996.)

BOUTRY, Philippe. Assurances et errances de la raison historienne. In: *Passés recomposés. Champs et chantiers de l'histoire*. Paris: Autrement, 1996.

BOYER, Fréderic. La vie fraternelle, *Furor*, n. 27.

BÜCHNER, Georg. *La mort de Danton*. In *Théâtre complet*. Paris: L'Arche, 1953. (Tradução brasileira: Mário da Silva. *A morte de Danton*. São Paulo: Brasiliense, 1965).

BUZZATI, Dino. *Le K*. Tradução J. Renuillet. Paris: Robert Laffont, 1967.

CHAGNIOR, Jean. *Paris et l'armée au XVIIIe siècle*. Paris: Économica, 1995.

CHANTEUR, Janine. *De la guerre à la paix*. Paris : PUF, 1989.

CHARTIER, Roger. *Les origines culturelles de la Révolution française*. Paris: Éd. du Seuil, 1990. (Tradução brasileira: George Schlesinger. *Origens culturais da Revolução Francesa*. São Paulo: Unesp, 2009.)

CICERO. *Les Devoirs – De officiis* (2 v., texte et traduction). Paris: Les Belles Lettres, 1974. (Tradução brasileira: Angélica Chiappeta. *Dos deveres*. São Paulo: Martins Fontes, 1999.)

CLAVERO, Bartholomé. *La grâce du don. Anthropologie catholique de l'économie moderne*. Paris: Albin Michel, 1996.

CONAN, Éric; ROUSSO, Henry. *Vichy, un passe qui ne passé pas*. Paris: Fayard, 1994.

CORVISIER, André. (Dir.). *Histoire militaire de la France*. Paris: PUF, 1992. 4. v.

CORBIN, Alain. *Le temps, le désir et l'horreur*. Paris, Aubier, 1991.

D'ALLONES, Myriam Revault. *Ce que l'homme fait à l'homme*. Paris: Ed. du Seuil, 1994.

DELMAS, Philippe. *Le bel avenir de la guerre*. Paris: Gallimard, 1995

DE CERTEAU, Michel. *L'écriture de l'histoire*. Paris: Gallimard, 1975. (Tradução brasileira: Maria de Lourdes Menezes. *A Escrita da história*. Rio de Janeiro: Forense Universitária, 1982)

DROIT, Roger-Pol. L'évidence invisible, *Le Monde des Livres*, 2 fev. 1996

ELIAS, Norbert. *La dynamique de l'Occident*. Paris: Calmann-Lévy, 1975.

ELIAS, Norbert. (1969). *La société de cour*. Paris, Flammarion, 1985. Préface de Roger Chartier. (Coleção Champs). (Tradução brasileira: Pedro Süssekind. *A sociedade de corte*. Rio de Janeiro: Jorge Zahar, 2001).

ERASMO. Complainte de la Paix. *Oeuvres*. Paris: Robert Laffont, 1992, p. 914 (Col. Bouquins), (Tradução portuguesa em *A guerra e A Queixa da paz*. Lisboa: Edições 70, 1999.)

ESPACES TEMPS. Le temps réflechi. L'histoire au risque des historiens, 1995.

FARGE, Arlette. *Dire et mal dire. L'opinion publique au XVIIIe siècle*. Paris: Éd. du Seuil, 1992.

FARGE, Arlette. *Les fatigues de la guerre, XVIIIe siècle*. Paris: Gallimard, 1996. (Col. Le Promeneur).

FARGE, Arlette. *Le goût de l'archive*. Paris: Ed. du Seuil, 1989 (reed. 1997). (Tradução brasileira: Fatima Murad. *O sabor do arquivo*. São Paulo: Edusp, 2009.)

FARGE, Arlette; REVEL, Jacques. *Logiques de la foule. L'affaire des enlèvements d'enfants, Paris 1750*. Paris: Hachette, 1986.

FAVRE, Robert. *La mort au siècle des Lumières*. Lyon: PUL, 1978.

FOUCAULT, Michel. *A microfísica do poder*. São Paulo: Graal, 1979.

FOUCAULT, Michel. *Dits et écrits*. Paris: Gallimard, 1994a.

FOUCAULT, Michel. Droit de mort et pouvoir sur la vie. In: *La volonté de savoir*. Paris: Gallimard, 1976 (reed. 1994). (Tradução brasileira: Maria Thereza da Costa Albuquerque e J. A. Guilhon Albuquerque. *A vontade de saber*. Rio de Janeiro: Graal, 1999.)

FOUCAULT, Michel. Foucault étudie la raison d'État (1980). *Dits et écrits*, vol. IV, Paris: Gallimard, 1994b.

FOUCAULT, Michel. La vérité et l'ordre juridique (1974). *Dits et écrits*, vol. II. Paris: Gallimard, 1994c.

FOUCAULT, Michel. La vie des homes infames. *Dits et écrits*, t. III. Paris: Gallimard, 1994d. p 237-253.

FOUCAULT, Michel. Les mots qui saignent (1964). *Dits et écrits*. Paris: Gallimard, 1994e, v. I.

FOUCAULT, Michel. L'éthique du souci de soi comme pratique de la liberté (1984), *Dits et écrits*, v. IV, Paris: Gallimard, 1994f. p. 720-730.

FOUCAULT, Michel. Oeuvres et singularisme: vers une critique de la raison politique (1981). *Dits et écrits*, v. IV, Paris: Gallimard, 1994g.

FOUCAULT, Michel. Nietzsche, Freud, Marx (1967). *Dits et écrits*, v. I. Paris: Gallimard, 1994h.

FOUCAULT, Michel. Nietzsche, la généalogie, l'histoire. Hommage à Jean Hyppolite (1971). *Dits et écrits*. Paris: Gallimard, 1994i, v. II.

FOUCAULT, Michel. "Qu'est-ce que les Lumières?" (1983), *Dits et écrits*, Paris: Gallimard, 1994j, v. IV.

FOUCAULT, Michel. Radioscopie de Michel Foucault (1975). *Dits et écrits*. Paris: Gallimard,1994k, v. II.

FOUCAULT, Michel. *Surveiller et punir. Naissance de la prison*. Paris: Gallimard, 1975. (Tradução brasileira: Ligia M. Ponde Vassalo. Vigiar e punir: nascimento da prisão. Petrópolis: Vozes, 1987.)

FOUCAULT, Michel. Sur les façons d'écrire l'histoire (1967). *Dits et écrits*, Paris: Gallimard,1994l, v. I.

FOUCAULT, Michel. *Theatrum philosophicum. Dits et écrits.* Paris, Gallimard, 1994m, v. II, p. 75-99.

FRAISSE, Geneviève. Droit de cuissage et devoir de l'historien. *Clio.* 1996a, p. 251-261.

FRAISSE, Geneviève. *La différence des sexes.* Paris: PUF, 1996b.

GIRARD, René. *La violence et le sacré.* Paris: Grasset, 1972. (Tradução brasileira: Martha Conceição Gambini. *A violência e o sagrado.* Rio de Janeiro: Paz e Terra, 1990).

GUILLON, Jean-Marie; LABORIE, Pierre. (Dir.) *Mémoire et histoire: La résistance.* Toulouse: Privat, 1995.

HEINICH, Nathalie. *États de femme. L'identité féminine dans la fiction occidentale*, Paris: Gallimard, 1996. (Tradução portuguesa: Ana da Silva. *Estados da mulher. A identidade feminina na ficção ocidental.* Lisboa: Estampa, 1998.)

HÉRITIER, Françoise. *Masculin/Féminin. La pensée de la différence.* Paris: Odile Jacob, 1996. (Tradução portuguesa de Cristina Furtado Coelho. *Masculino/feminino. O pensamento da diferença.* Lisboa: Instituto Piaget, 1998.)

HOWARD, Michael. (1976) *La guerre dans l'histoire de l'Occident.* Paris: Fayard, 1988. (Tradução portuguesa: Mem Martins. *A guerra na história da Europa.* Ed. Europa-América, 1997.)

JOXE, Alain. *Voyage aux sources de la guerre.* Paris: PUF, 1991.

LABORIE, Pierre. *L'opinion française sous Vichy.* Paris: Ed. du Seuil, 1990.

LAÉ, Jean-François. Comment raconter, *Esprit,* dez. 1988, p. 66-75.

LAÉ, Jean-François; MURARD, Numa. *Les Récits du malheur.* Paris: Descartes & Cie, 1995.

LÉONARD, Émile G. *L'armée et ses problèmes au XVIIIe siècle.* Paris: Plon, 1958.

LE MONDE, 7 octobre 1995, "Moi Khaled Kelkal".

LEPETIT, Bernard. Introduction. *Les formes de l'expérience. Pour une autre histoire sociale.* Paris: Albin Michel, 1995.

LEVI, Giovanni. *Le pouvoir au village, histoire d'un exorciste dans le Piémont du XVIIe siècle.* Gallimard: 1989. (Col. Bibl. des Histoires).

MAFFESOLI, Michel; PESSIN, Alain. *La violence fondatrice.* Paris: Champ Urbain, 1978.

MARQUÊS DE SADE. Idée sur les romans. Préface aux *Crimes de l'amour.* In: *Oeuvres completes.* Paris: Cercle du Livre Précieux, 1966, t. IX, p. 16. (Tradução brasileira: Magnólia Costa Santos. *Os crimes do amor.* Porto Alegre: LP&M, 2000).

MICHELET, Jules. *Écrits de jeunesse.* t. II. Paris: Gallimard, 1959.

MICHELET, Jules. *Journal,* t. II. Paris: Gallimard, 1959.

MOSCOVICI, Serge. *L'âge des foules*. Paris: Fayard, 1981.

MUEL-DREYFUS, Francine. *Vichy et l'éternel féminin. Contribution à une sociologie politique de l'ordre des corps*. Paris: Éd. du Seuil, 1996.

NOIRIEL, Gérard. *Sur la "crise" de l'histoire*. Paris: Belin, 1996.

NUSSBAUM, Martha. Les émotions comme jugements de valeur, *Raisons pratiques*, n. 6, 1995, p. 20-31.

POULET, Georges. *Études sur le temps humain*. Paris: Plon, Presses-Pocket, 1964.

RANCIÈRE, Jacques. *La mésentente. Politique et philosophie*. Paris: Galilée, 1995. (Tradução brasileira: Ângela Leite Lopes. *O desentendimento. Política e filosofia*. Rio de Janeiro, Editora 34, 1996.)

RANCIÈRE, Jacques. *Les noms de l'histoire. Essai de poétique du savoir*. Paris: Ed. du Seuil, 1993a. (Tradução brasileira: Eduardo Guimarães e Eni P. Orlandi. *Os nomes da história: ensaio de poética do saber*. São Paulo: Educ/Pontes, 1995.)

RANCIÈRE, Jacques. L'histoire 'des' femmes entre subjectivation et représentation. *AESC*, n. 4, 1993b, p. 1011-1018.

RETAT, Pierre. *Le dernier règne. Chronique de la France de Louis XVI, 1774-1789*. Paris: Fayard, 1995.

REVEL, Jacques. (Dir.) *Jeux d'échelles. La micro-analyse à l'expérience*. Paris: Gallimard/Éd. du Seuil, 1996. (Col. Hautes Études) (Tradução brasileira: Dora Rocha. *Jogos de escala: a experiência da microanálise*. São Paulo: Editora FGV, 1998.)

ROUSSO, Henry. L'archive ou la quête du manque; Actualité et patrimoine écrit, *Actes du Colloque*, Roanne, set. 1995, coed. FFCB, Bibliothèque Municipale de Roanne.

SCHWOB, Marcel. *Vies imaginaires*. Paris: Gallimard, 1957. (Col. L'Imaginaire) (Tradução brasileira: Duda Machado. *Vidas imaginárias*. São Paulo: Editora 34, 1997.)

TERRAY, Emmanuel. Sur le mouvement de décembre. *Journal des Anthropologues*, n. 64-65, été 1996, p. 207.

THOMPSON, Edward Palmer. The moral economy of the English crowd in the 18th century, *Past and Present*, 50, 1971, p. 76-136.

VERNANT, Jean-Pierre. La mémoire et les historiens. In: GUILLON, Jean-Marie; LABORIE, Pierre. (Dir.) *Mémoire et histoire: la résistance*. Toulouse: Privat, 1995.

VOLTAIRE. *Dictionnaire philosophique* (1764). (Tradução brasileira: Líbero Rangel de Tarso. *Dicionário filosófico*. Atena Editora, 1937.)

VOVELLE, Michel. *Mourir autrefois*. Paris: Gallimard, 1974. (Col. Archives).

WEINBERGER-THOMAS, Catherine. *Cendres d'immortalité. La crémation des veuves en Inde*. Paris: Éd. du Seuil, 1996.

Este livro foi composto com tipografia Bembo e impresso
em papel Off-White 90 g/m² na Formato Artes Gráficas.